왕이 된 양치기

다윗의 삶을 담은
그림묵상

왕이 된 양치기

석용욱 글·그림

규장

묵상을 시작하며

말씀이 참 달다.
어떨 땐 참 쓰다.
때론 새콤달콤하고 때론 맵기까지 하다.
미식가들이 그들이 사랑하는 요리의 맛을 표현할 때
그 표현력이 놀랍도록 풍성하고 섬세한데,
나는 오랜 시간 말씀을 맛보며 말씀에도 그 이상의 풍부하고
섬세한 표현이 가능하다는 것을 알게 되었다.
나도 미식가가 되어가는 걸까?
오랜 묵상의 결실이 이제야 보이는 듯하다.

한때는 그 결실을 일종의 보상처럼 오해한 적도 있다.

'묵상을 열심히 하면 뛰어난 영성의 거장이 될 수 있지 않을까?'
'묵상을 열심히 하면 더 좋은 책을 많이 쓸 수 있지 않을까?'

하지만 결실의 보상은 다른 어떤 것이 아니라
말씀을 더 맛있게 즐기고 누릴 수 있게 된 것.
그 자체였다.

말씀 속 맥락과 구절, 문장과 단어 속에서
깊고 오묘한 맛과 향이 느껴지고
그 맛과 향이 느껴지자 셰프의 손길이 느껴졌다.
손길이 느껴지자 그가 얼마나 정성을 들여 말씀을 요리했는지
그 마음이 느껴졌고, 마음이 느껴지자 그가 어떤 이인지 궁금해졌다.
어떤 이인지 궁금해지자 그를 더 알고 싶어졌고
그와 더 가까워지고 싶어졌다.
(인증샷이라도 함께 찍고 싶을 만큼.)

결국 미식가의 마지막 단계.
내가 맛본 이 세계를 다른 이도 함께 누릴 수 있도록
입소문으로 널리 알리는 것.
그래서 이번에도 이렇게 펜을 든다.
(아무도 궁금해하지 않는 열한 번째 책임을 밝힌다.)

얼마나 전달될지 모르겠다.
어떤 연유가 되었든 이 책과 만나게 된 당신이
지금부터 펼쳐질 책의 페이지 사이사이에서
그 맛과 향을 조금이라도 더 느끼고 누릴 수 있게 되길 바란다.

차례

묵상을 시작하며

막

다윗과 골리앗

01 그의 이름은 골리앗이요 — 15
02 놀라 크게 두려워하니라 — 18
03 그는 어려서부터 용사임이니라 — 22
04 이 블레셋 사람의 손에서도 건져내시리이다 — 26
05 사울이 자기 군복을 다윗에게 입히고 — 30
06 익숙하지 못하니 이것을 입고 가지 못하겠나이다 — 35
07 시내에서 매끄러운 돌 다섯을 골라서 — 38
08 손에 물매를 가지고 나아가니라 — 42
09 골리앗이 다윗을 보고 업신여기니 — 46
10 칼이나 창으로 구원하는 분이 아니심을 — 51

2막 | 다윗과 사울

01 백성이 사울에게서 흩어지는지라 — 57
02 명령을 지키지 아니하였도다 — 60
03 왕의 나라가 길지 못할 것이라 — 64
04 사울은 천천이요 다윗은 만만이로다 — 67
05 사울이 다윗을 주목하였더라 — 71
06 온 이스라엘과 유다는 다윗을 사랑하였으니 — 74
07 여호와께서 함께 계심을 — 78
08 그가 짐보따리들 사이에 숨었느니라 — 85

3막 다윗과 광야

01 가드 왕 아기스에게로 가니 ——— 91
02 그의 행동을 변하여 미친 체하고 ——— 94
03 아둘람 굴로 도망하매 ——— 98
04 우리가 유다에 있기도 두렵거든 하물며 ——— 101
05 그들이 너를 넘기리라 ——— 106
06 십 사람들이 사울에게 나아와 이르되 ——— 110
07 다윗의 마음이 찔려 ——— 114
08 네 말을 듣고 ——— 118
09 깊이 잠들게 하셨으므로 1 ——— 123
10 깊이 잠들게 하셨으므로 2 ——— 127
11 그 마음에 생각하기를 ——— 129
12 그에게 대답하지 아니하시므로 ——— 134
13 네가 반드시 따라잡고 도로 찾으리라 ——— 138
14 그 후에 다윗이 여호와께 여쭈어 아뢰되 ——— 145
15 왕위에 올라 사십 년 동안 다스렸으되 ——— 148

4막 다윗과 압살롬

01 그 후에 이 일이 있으니라 ——————— 157
02 압살롬이 결심한 것이니이다 ——————— 161
03 이스라엘 사람의 마음을 훔치니라 ——————— 164
04 압살롬이 왕이 되었다 ——————— 169
05 시므이는 산비탈로 따라가면서 저주하고 ——————— 172
06 압살롬에게 화를 내리려 하사 ——————— 176
07 아히도벨이 스스로 목매어 죽으매 ——————— 179
08 머리가 상수리나무에 걸리매 ——————— 183
09 차라리 내가 대신하여 죽었더면 ——————— 187

5막 다윗과 죽음

01 잠자리는 같이하지 아니하였더라 ——————— 193
02 한 번도 그를 섭섭하게 한 일이 없었더라 ——————— 197
03 요압과 모의하니 ——————— 202
04 나단은 아도니야와 같이하지 아니하였더라 ——————— 206
05 다윗이 죽을 날이 임박하매 ——————— 210
06 그의 조상들과 함께 누워 장사되니 ——————— 214

묵상을 마치며
감사의 글

1막

다윗과 골리앗

David & Goliath

01 | 그의 이름은 골리앗이요
사무엘상 17:4

골짜기를 사이에 두고 블레셋 군과 이스라엘 군이 서로 대치했다.
전열을 가다듬은 두 진영 사이의 긴장감이 최고조에 다다를 무렵,
블레셋 진영에서 한 전사가 앞으로 나온다.

블레셋 사람들의 진영에서 싸움을 돋우는 자가 왔는데
그의 이름은 골리앗이요 가드 사람이라
사무엘상 17:4

블레셋 연합국 중(가사, 아스돗, 아스글론, 가드, 에그론)
가드를 대표하는 전사 '골리앗'
이후로도 영원히 '거대함'을 상징하는 의미가 되어줄 그 이름.
그런 그가 역사의 무대에 첫 모습을 드러낸 것이다.
그런데 체격은 더욱 가관이다.

그의 키는 여섯 규빗 한 뼘이요
사무엘상 17:4

거인 파이터 최홍만의 키는 2미터 18센티미터.
걸어다니는 만리장성 야오밍의 키는 2미터 29센티미터.

하지만 골리앗은 이보다 무려 70, 80센티미터 남짓 더 큰,
3미터에 육박하는 거인이었다.

입고 있던 갑옷은 어땠을까?
그가 입은 갑옷은 무게만 해도 60킬로그램이었고
들고 있던 창은 창날만 7킬로그램이었다.
방패 또한 방패를 들고 나오는 시종이
따로 한 명 더 있을 정도였으니,
단순히 키만 큰 것이 아니라
무시무시한 괴력의 소유자이기도 했다.

머리에는 놋 투구를 썼고 몸에는 비늘 갑옷을 입었으니
그 갑옷의 무게가 놋 오천 세겔이며 그의 다리에는 놋 각반을 쳤고
어깨 사이에는 놋 단창을 메었으니 그 창 자루는 베틀 채 같고
창날은 철 육백 세겔이며 방패 든 자가 앞서 행하더라

사무엘상 17:5-7

전장은 상대를 죽일 수 있는 강한 힘을 가진 자가
최고의 능력자로 인정받는 곳이다.
그런 곳에서 그 힘의 근원인 우월한 체격조건을 타고났으니,
그야말로 자기 분야에서만큼은 '금수저'로 태어난 셈이었다.

02 | 놀라 크게 두려워하니라
사무엘상 17:11

고대 전쟁에서는 백병전에 들어가기 전
심리전이 먼저 진행되곤 했었다.
영화 〈황산벌〉의 '고성방가전'도 그와 비슷한 예이다.
오늘날 군사분계선에서도 대북확성기를 그 용도로 사용하고 있으니,
군인에게 있어서 사기란 예나 지금이나 전투의 핵심요소 중 하나이다.

골리앗 역시 그 역할을 톡톡히 하며 이스라엘 군의 사기를 저하시켰다.
그의 위세와 거대함에 눌린 이스라엘의 군인들은 크게 두려워했다.

사울과 온 이스라엘이 블레셋 사람의 이 말을 듣고 놀라 크게 두려워하니라
사무엘상 17:11

이 두려움….
이런 두려움을 느껴본 적이 있는가?
나는 있다.
상대의 위세에 크게 눌려 두려워 떤 기억이….

미대 재학 시절, 학과 친구들과 함께 강촌에 엠티를 간 적이 있었다.
당시 강촌은 대학생 엠티의 성지(?) 같은 곳이었는데,
같은 학과 학생들끼리 술 마시고 놀며 친목을 다지는 것이
그 시절 학과 단합대회, 엠티의 일반적인 분위기였다.
나 역시 동기들과 함께 밤늦게까지 놀고 있었다.
신나게 분위기가 무르익어가던 자정 즈음
갑자기 옆 숙소의 취객들이 시비를 걸어오기 시작했다.
우리 소리가 너무 시끄럽다는 둥
우리 중 누군가가 자신들에게 과일을 던졌다는 둥.

우리 학과의 남학생들은 자극을 받았다.
그러고는 호기롭게 숙소 문을 열고 나갔다.
"도대체 어떤 자식들이야!"라고 큰소리로 외치며….
그 장면이 남학생들의 얼굴에 혈색이 돌던 마지막 장면이었다.
시비를 건 옆 숙소의 남자들은 체육학과 학생들이었던 것이다.

그들은 모두 전문적으로 운동을 하는 사람들이었다.
우리가 미술 연필을 들어올릴 때 역기를 들어올렸고,
미대 계단을 걸어 오를 때 남산을 뛰어 올랐다.
어깨 넓이부터 장단지 근육까지,
우리와는 완전히 다른 유전자를 가진 종족들이었다.

호기롭게 문을 열고 나간 남학생들은
모두 사색이 되어 돌아오고 말았다.
신나고 즐거웠던 엠티의 기억은 딱 거기까지였다.

군대를 다녀온 형들도, 운동 좀 했다는 남학생들도
누구도 나서지 못했다.
아무도 소리를 내지 않았다.
물론 나 역시도….

우리의 기세가 크게 꺾였다는 것을 알았는지,
우리 숙소 앞까지 온 그들은 고함을 질러댔다.
들으라는 듯 거친 욕설도 뿜어냈다.
술병을 던지며 한 명 나오라고 싸움을 거는 자도 있었다.
마치 골리앗처럼.
우리는 모두 깊은 두려움 속에서 떨다 잠이 들었다….

그때가 생각난다.
크게 겁에 질려 낙심하던 내 청춘의 흑역사.
말씀을 묵상하며 과거의 흑역사가 생각날 줄이야….
다시 그때로 돌아간다면 어떻게 될까?
나는 그때와 다르게 다윗처럼 나설 수 있을까?

초점을 잃으면 골리앗만 보입니다.

03 | 그는 어려서부터 용사임이니라
사무엘상 17:33

패색 짙은 사울의 진영에서
한 줄기 빛처럼 누군가 앞으로 나선다.
역사의 무대에 정식으로 데뷔한 다윗이다.
그렇게 무대에 오른 다윗은
자신이 골리앗과 직접 싸우겠다고 사울에게 말한다.
하지만 사울은 이 순진한 청년에게 조언한다.
너는 '어린 소년'이고 그는 '어려서부터 용사'라고….

사울이 다윗에게 이르되
네가 가서 저 블레셋 사람과 싸울 수 없으리니
너는 소년이요 그는 어려서부터 용사임이니라
사무엘상 17:33

사울이 다윗을 정의하는 '어린 소년'이란 무슨 뜻일까?
'초보자' 혹은 '무명인'을 의미하는 말이 아닐까?
그렇다면 골리앗을 정의하는 '어려서부터 용사'라는 건 또 무슨 뜻일까?
조기 엘리트 교육도 받고 경험도 쌓은 경력자란 뜻이 아닐까?

믿음만 가지고 전장에 처음 발 들인 '듣보잡' 청년과
조기 엘리트 교육을 받고 조건까지 타고난 화려한 경력자가
서로 대치하고 있다.
이 상황에서 사울은 지극히 현실적인 조언,
즉 팩트를 다윗에게 말해준다.

"나도 교회 다니는데, 믿음만으로 될 일은 아니야!"
"이게 현실이라고!"

틀린 말이 아니다.
사울의 말은 합리적이다.

이런 상황 속에 있으면 나의 경우 두 가지 감정을 느낀다.
'두려움'과 '선망'(이 두가지를 합친 것을 '시기심'이라 한다).
먼저는 상대의 조건과 능력에 압도되어 스스로 위축되고,
이어 나 역시 그렇게 되고 싶다는 생각을 하게 된다.

먼저는 두려움, 그리고 나중에는 부러움을 느낀다.

하지만 다윗은 달랐다.
다윗은 자신의 경험치나 환경,
골리앗의 조건이나 경력 등을 보지 않았다.
이 모든 사실 너머에 있는 진실, 즉 하나님을 보았다.
어떻게 이 상황에서 이런 시선을 가질 수 있었을까?
하나님을 많이 사랑했기 때문에?
아니면 세상 물정을 몰라서?

어쩌면 지금이야말로
세상 물정 빠삭한 사울의 현실감보다는
하나님 앞에 순전한 다윗의 순수함이
더 필요한 시대가 아닐까…?

초점을 잘 맞추는 것이 믿음입니다.

04 이 블레셋 사람의 손에서도 건져내시리이다
사무엘상 17:37

다윗은 골리앗과의 싸움에서 자신감을 드러냈다.
그리고 그 자신감은 단순한 '근자감'이 아닌
묵직한 확신이었다.
그의 이 확신은 어디서부터 온 것이었을까?

나를 사자의 발톱과 곰의 발톱에서 건져내셨은즉
나를 이 블레셋 사람의 손에서도 건져내시리이다
사무엘상 17:37

그는 이미 목자일 때부터 맹수들과 숱하게 싸워왔다.
양 떼를 지키는 과정에서 크고 작은 부상도 많이 당했다.
목숨이 위험한 순간도 있었다.
하지만 이상하게도 그의 생명은 늘 보존되었다.

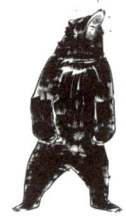

처음에는 다윗도 자신의 돌팔매 기술 덕에
살아남았다고 생각했을 것이다.
어쩌면 자신이 맹수보다 더 힘이 강하다고 착각했을 수도 있다.

하지만 반복되는 상황 속에서 돌팔매 기술이나 운 따위가 아닌,
보이지 않는 어떤 손길이 자신의 생명을
지켜주고 있었다는 사실을 알게 되었다.
그 손길이 '하나님의 손길'이라는 것도….

그의 확신은 바로 일상 속에서 검증된 믿음이었던 것이다.

이런 사람들의 믿음은 요란하지가 않다.
조용히 속삭여도 땅끝까지 울리고 가볍게 던져도 바위처럼 무겁다.
부드럽게 말해도 폐부 깊숙이 찌르니 그야말로 권위가 있다.
다윗은 바로 그 믿음을 기반으로 확신하고 있었다.
그랬기에 일개 청년의 말에 한 국가의 왕도 설득된 것이다.

1막 다윗과 골리앗

나는 선교사와 예술가라는 두 가지 직업을 가지고 있는데
현대사회에서 가장 불안정한 직업 두 가지가 아닌가 싶다.
그래서일까?
주변 사람들이 염려의 눈빛으로 나를 바라볼 때가 많다.

하지만 정작 당사자인 나는 생각보다 편안하다.
넉넉지 않은 것은 사실이나 돈 때문에 수치를 당한 적은 없다.
아슬아슬할 때도 있지만 곧 구원의 문이 열린다.
다양한 통로를 통해서.
이런 건 말로 다 설명할 수 없는 것들이다.

처음에는 그저 운이 좋아서 그런 줄 알았다.
아니면 그저 좋은 사람을 만나서?
혹은 내가 인간관계를 잘 맺어서?

그러나 같은 경험이 반복되며 운처럼 보이는 어떤 손길이,
사람을 통한 어떤 섭리가 우리 가정의 통장 잔고를
세밀하게 보살피고 있다는 것을 알게 되었다.

05 | 사울이 자기 군복을 다윗에게 입히고
사무엘상 17:38

전쟁터에서 갑옷은 중요한 방어 수단이다.
전투 중 가해지는 치명적 피해로부터
인체를 보호하는 기본적인 안전장치이기 때문이다.
그렇기 때문에 사울도 다윗에게 갑옷을 입혔다.
합당한 처사였다.

하지만 다윗에게는 그 갑옷이 맞지 않았다.
익숙지 않았다.
두껍고 무거운 갑옷은 돌팔매에는 오히려 방해가 되기 때문에
결국 다윗은 안전장치인 갑옷을 벗어던진다.
그리고 자신만의 방법으로 싸우기로 결정한다.

익숙하지 못하니 이것을 입고 가지 못하겠나이다 하고 곧 벗고
사무엘상 17:39

하나님이 주신 나만의 방식으로 살기 위해
세상이 말하는 '안전장치를 벗어야 할 때'가 있다.
나 역시도 그 안전장치를 벗어던진
중요한 결정이 몇 번 있었는데,
그중 하나가 바로 '작가가 되기로 결심했을 때'이다.

어릴 적부터 어머니로부터 줄기차게 받아온 교육이 하나 있다.
그것은 바로 '남자는 안정적인 직장을 가져야 한다'는 것.
평생 직장 없이 떠도신 아버지의 삶에 한이 맺힌 어머니는,
아들로 하여금 그 전철을 밟지 않게 하기 위해
이 교육을 끊임없이 해오셨다.
정확히 기억나지는 않지만 내가 말을 배우기 시작한
아주 어린 시절부터 말씀해오신 것으로 기억한다.

물론 그 교육이 틀렸다고 생각하지 않는다.
다 맞는 말이다.
안정적인 직업은 모든 현대인의 중요한
안전장치이기 때문이다.
하지만 어쩌겠는가?
나는 처음부터 직장과 맞지 않았던 것을….

직장 생활을 하는 주위의 친구들을 보며
직장 생활을 잘하려면 업무 능력 외에 또 다른 능력이
하나 더 필요하다는 사실을 알게 됐는데,
그것은 조직의 방침을 따르고 그 통제를 끈기 있게 견뎌내는 것,
바로 '인내심'이 필요하다는 것이었다.

나에게는 그 '인내심'이 없었다.
누군가의 통제를 잘 견디지 못했고
일방적인 방침을 따를 줄도 몰랐다.
그러기에 나는 너무 자유로운 영혼이었다.
그래서 진심으로 이렇게 생각했다.
어쩌면 나는 이 사회에서 정말로 쓸모없는 존재일 수도 있겠다고….

이십 대 후반, 마지막 아르바이트에서 짤리던 날,
집에 와서 누워 있는데 문득 이런 생각이 들었다.
'어차피 나는 사회에 필요 없는 존재니까
차라리 없어지는 게 낫지 않을까…?'

나중에 상담을 받으며 알게 됐다.
그것이 일종의 자살 충동이었다는 것을….
그리고 그해에 예수제자훈련학교DTS에 들어가 하나님을 만났다.

나는 모든 사람이 나와 같기를 원하노라
그러나 각각 하나님께 받은 자기의 은사가 있으니
이 사람은 이러하고 저 사람은 저러하니라
고린도전서 7:7

하나님을 만나고 하나님을 알게 되고
그 안에서 나란 사람을 재발견하면서
놀라운 사실을 하나 알게 됐다.
그것은 바로 내가 쓸모없는 사람이 아니라는 것.
쓸모없지 않을 뿐만 아니라 가끔은 유용하다는 것도….

나에게는 나만의 어떤 고유함이 있었는데
그것은 다른 이들에게는 없는 것이었다.
그래서 그 고유함을 갈고 다듬어
제법 쓸 만하게 만들어보기로 했다.
나만의 돌팔매질로….

나는 그렇게 글 쓰고 그림 그리는 사람이 되었다.

06 | 익숙하지 못하니 이것을 입고 가지 못하겠나이다
사무엘상 17:39

두 번째로 갑옷을 벗어버린 것은 작가가 된 이후의 일이다.
그림 작가로 활동하다 보니 그림에 대한 질문을 받을 때가 있다.
그중 가장 많이 받는 질문이 "그림에 왜 색을 넣지 않는가?"이다.

정확한 대답은 "나도 모르겠다"이다.
사진조차도 흑백사진을 좋아하는 나는,
흑백 속에서 더 큰 안정감을 느끼곤 했다.
조금 우울한 회색의 톤이
총천연색보다 매력적으로 다가왔다.
약간 우울한 정서가 죄는 아니니까….

물론 나 역시 색을 사용함으로써
더 많은 독자층을 확보해보고 싶었다.
대중들에게 더 가까이 다가가보고 싶었다.
그래서 결국 색을 넣어보기도 했지만 이내 후회했다.
어찌 이리 어색한지….
다른 작가의 그림을 어설프게 흉내 내고 있는 것만 같았다.

결국 '먹과 선'만으로 그림을 그리게 되었다.
그것이 가장 나다운, 자연스러운 방법이었다.
색이라는 갑옷 또한 과감히 벗어던져야 했던 것이다.

당신이 벗어야 할 사슬의 갑옷은 무엇입니까?
당신 자신으로 살기 위해,
무엇보다도 그리스도인으로 살기 위해
벗어야 하는 그 갑옷은…

07 | 시내에서 매끄러운 돌 다섯을 골라서
사무엘상 17:40

골리앗은 철기 무기로 무장하고 있었다.
당시 철기 무기를 제련하려면 최첨단 기술이 필요했다.
골리앗은 그 첨단의 기술력을 바탕으로 만들어진
창과 방패를 들고 나왔다.

반면 다윗이 사용했던 무기는 돌팔매였다.
돌팔매는 석기시대를 대표하는 무기였다.
그리고 그 무기의 총알은 '돌'.
시냇가에 있는 그냥 평범한 돌이었다.

손에 막대기를 가지고 시내에서 매끄러운 돌 다섯을 골라서
자기 목자의 제구 곧 주머니에 넣고 손에 물매를 가지고
블레셋 사람에게로 나아가니라
사무엘상 17:40

시냇가의 돌.
골리앗 같은 상대와 맞서기에는 너무 소박했다.
정말 평범하고 흔하디 흔한 것이었다.

사촌동생은 어릴 때부터 뚜렷한 재능이 없었다.
그저 '무난한', 한마디로 지극히 평범한 아이였다.
집안이 좋았던 것도 학력이 높았던 것도 아니다.
지방에 있는 한 대학을 졸업했고
졸업하자마자 한 중소기업에 취업했다.
그리고 몇 년간 직장생활을 하다가 더 큰 회사로 이직했고
사랑하는 사람을 만나 결혼했다.
결혼을 한 뒤에는 아이를 낳고 대출을 받아 집을 샀다.
몇 년간 대출을 갚은 뒤 좀 더 큰 집으로 이사했다.
남들처럼 평범하게.
마치 당신처럼….

그렇게 시간이 흘러 우리는 중년이 되었다.
중년이 되어 돌아보니 어떤 점 하나가 발견됐다.
그 점은 바로 집안 형제 중 녀석이 가장 알차게 살고 있다는 것이었다.

잘나간다던 형들도, 그림 좀 그린다는 나도 삶이 순탄치 않았다.
나름 재능 있고 똑똑하다던 사람들의 삶은 오히려 굴곡지기만 했다.
두세 계단씩 뛰어올랐다가 대여섯 계단씩 굴러떨어지곤 했으니까….

하지만 동생은 달랐다.
꾸준하게 그리고 천천히, 한 번에 한 계단씩만 올라섰다.
그러면서 입버릇처럼 이렇게 말했다.
자신은 특별한 재능이 없어서 그저 한 계단씩 오를 수밖에 없었다고….

결국 골리앗 같은 세상에서
가장 단단하게 삶을 다져가던 사람은 녀석이었다.
흔하디 흔한 그 꾸준함과 성실함이라는 무기를 가지고….

08 | 손에 물매를 가지고 나아가니라
사무엘상 17:40

다윗과 골리앗 사이의 물리적 거리는 십여 미터.
하지만 문명과 기술의 간격은 수백 년이었다.

다윗은 손에 물매를 가지고 블레셋 사람에게로 나아가니라
블레셋 사람이 방패 든 사람을 앞세우고 다윗에게로 점점 가까이 나아가니라
사무엘상 17:40,41

스페인 탐험대가 페루의 잉카제국을 침략할 당시,
잉카제국의 수도인 쿠스코에서
스페인 정복군과 잉카제국 정규군이 전투를 벌이게 되었다.

사료에 따라 수치에 차이는 있지만
스페인 군의 병사는 180여 명,
잉카 군의 병사는 예비병력까지 8만 명에 육박했다고 한다.
180 vs 80,000

수치만 놓고 보면 스페인 탐험대는
결코 잉카제국군의 상대가 될 수 없었다.
하지만 이날 전투에서 잉카제국군은 180여 명에 불과한
스페인 군대에게 일방적인 살육을 당하고 만다.

잉카제국군은 돌과 청동 무기로 무장한 반면,
스페인 군대는 강철검과 화승총, 대포 등으로 무장했기 때문이었다.
두 군대가 사용한 무기 사이에는 수천 년이라는 문명의 차이,
기술의 차이가 존재했다.

기술력이란Technology 그런 것이다.

모든 나라와 같이 우리에게 왕을 세워 우리를 다스리게 하소서
사무엘상 8:5

사사시대에 이스라엘 백성이
사무엘에게 왕을 세워달라고 요구한 것도 합리적인 요구였다.
당시 팔레스타인을 포함한 주변 국가들은
일찌감치 철기 문화를 받아들여 문명과 기술을 발전시키고 있었고,
사사의 간접 통치라는 독특한 제도 아래 살아가던 이스라엘은
주변국 사이에서 큰 위협을 느끼고 있었다.

세상의 흐름을 읽은 지파 대표들과 백성들은
뒤처진 문명의 흐름을 뒤쫓는 것이 이스라엘을 보호하는
유일한 길이라 결론지었고,
그래서 왕을 세우자고 요구한 것이었다.
이런 합리적 요구를 나쁘다고만 할 수 있을까?
시대의 흐름을 따르자는 것뿐인데.

다만 하나님이 요구하시는 바와 달랐을 뿐….

다윗은 지금 그런 시대의 흐름을 홀로 거스르려 하고 있다.
문명의 간격, 기술의 차이를 뛰어넘어 골리앗에게 나아가고 있다.
그는 과연 골리앗을 쓰러뜨릴 수 있을까?
아니 그를 사용하시는 하나님은 이 간격을 뛰어넘을 수 있는 분이신가?

손을 주머니에 넣어 돌을 가지고 물매로 던져 블레셋 사람의 이마를 치매
돌이 그의 이마에 박히니 땅에 엎드러지니라
사무엘상 17:49

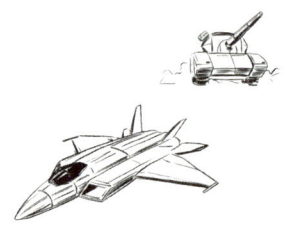

09 | 골리앗이 다윗을 보고 업신여기니
사무엘상 17:42

다윗이 골리앗에게 다가가자
골리앗은 그의 얼굴을 확인할 수 있었다.
골리앗 눈에 비친 다윗은 거친 전장과는 어울리지 않는,
앳되고 곱상한 외모의 청년이었다.

그 블레셋 사람이 둘러보다가 다윗을 보고 업신여기니
이는 그가 젊고 붉고 용모가 아름다움이라
사무엘상 17:42

고려 말 우왕 시절 이성계는
황산대첩에서 왜구를 물리치고 크게 승리했다.
하지만 과정이 만만치 않았다.
당시 왜구의 수장은 '아지발도'라는 인물이었는데
15, 16세로 보이는 외모를 가진 미소년이었다고 한다.
고려의 장수들은 '젊고 붉고 용모가 아름다운' 그를 우습게 여기고
단독으로 그와 맞섰으나 신들린 창검술에 혼비백산하고 말았다.
결국 이성계와 그의 부하장수가 화살로 협공하여
힘겹게 쓰러뜨렸다고 하니,

외모적 편견이란 이처럼 동서고금을 막론하고
초월하기가 쉽지 않은 법이다.
그렇다면 외모란 것이 이렇게 인물의 수려함만을 의미할까…?

외모란 본질적으로,
한 사람이 가진 조건이나 환경까지도 그 의미에 포함할 수 있다.
그런 의미에서 자문해봤을 때
우리에게는 어떤 외모적 편견이 존재하고 있을까?
나는 '나이'
나이가 그 중요한 편견 중 하나였던 것 같다.

몇 년 전 선교지에서 영어권 서양인들과 함께 사역한 적이 있었다.
이들 중 대다수가 20대 초반의 청년들이었다.
한국에서는 형, 동생 사이도 될 수 없는,
최소 열 살 이상 차이 나는 '어린 친구들'이었다.
나는 속으로 그들을 업신여겼다.
그야말로 '젊고 붉고 용모가 아름다운' 친구들을 보며
'저 어린 애들이 무슨 선교를 할 수 있을까?' 속으로 생각했다.
그렇게 같이 일하기를 몇 주,
급기야 불편한 순간들이 찾아오기 시작했다.

1막 다윗과 골리앗

"헤이 피터!"

그 순간이란 바로 '피터'(나의 영어식 이름)라고 이름만 부르며,
이 친구들이 나를 이리저리 손가락으로 지시하던 순간들이었다.
정말이지 피가 거꾸로 솟는 것 같았다.
'이 어린 놈의 새끼들이…'라는 말이 목구멍까지 솟구쳤다.

그들은 정말 내 나이 따위는 신경 쓰지 않았고
내 경력도 개의치 않았으며 성별도 따지지 않았다.
그들에게 나는 그저 '피터' Peter일 뿐이었다.
지금 생각해보면 너무 당연한 일이었지만….

그렇게 피가 거꾸로 솟구치기를 수차례.
피가 솟구칠 힘도 욕을 곱씹을 힘도 사그라들자
마음이 비워지기 시작했다.
'나이가 대체 뭐라고…' 하는 마음이 들었다.

마음이 비워지자 이전엔 너무 중요했던 호칭들이
더 이상 의미를 갖지 않기 시작했다.
그들이 불러주는 이름으로 나를 인식했다.
경력이나 나이를 떠나 그냥 한 사람으로….

나이에 맞지 않는 실수를 해도 창피함을 느끼지 않았다.
모르는 것은 그냥 모른다고 말해도 됐다.
연장자이기 때문에 참거나 양보할 필요도 없었다.
그저 '나 자신'으로 존재하면 됐으니….

내가 보는 것은 사람과 같지 아니하니
사람은 외모를 보거니와 나 여호와는 중심을 보느니라
사무엘상 16:7

나 자신을 그렇게 바라보자 타인도 그렇게 보이기 시작했다.
나이나 사회적 위치를 떠나 있는 모습 그대로
하나님 앞에 선 한 명의 사람으로….
막상 적응이 되니 생각보다 편안한 점이 많았다.
좀 더 가벼워지고 자유해지는 것 같다고나 할까….

결과적으로 어린 친구들에게 한 방 먹은 느낌이다.
비록 돌로 맞은 건 아니었지만….

고집을 버리면 가벼워진단다.
가벼운 만큼 자유해지고.

10 칼이나 창으로 구원하는 분이 아니심을

사무엘상 17:47

군대에 있을 때,
꼭 필요한 것을 빠뜨린 경우 선임병으로부터 듣던 핀잔이 있다.

"군인이 전쟁터 나가는데 총 빼놓고 가냐!"

전쟁터에서 총이란 적을 죽이기 위한 무기다.
전쟁터에서는 내가 살기 위해 적을 죽여야 한다.
그러니 무기가 없다면 전투에 참여조차 할 수 없다.

인생은 어떨까?
인생도 하나의 전장이다.
적이 죽거나 내가 죽거나 둘 중 하나를 선택해야 할 때도 있다.
그런 살벌한 경쟁들이 우리 삶 속에는 엄연히 존재한다.

그렇다면 이 전장에서 당신의 칼과 창은 무엇인가?
전투에서 이길 수 있는 무기.
나를 지켜주는 믿을 수 있는 도구.
돈? 인맥? 경력? 아니면 이 모두 다?

나의 칼과 창은 '돈'이다.
돈이 많으면 이 치열한 전쟁에서 승리할 수 있을 것 같다.
솔직히 나는 그렇다.

그런데 다윗은 말한다.
하나님은 칼이나 창으로 구원을 이루시는 분이 아니라고.
전쟁은 여호와께 속해 있으니 그 무기를 의존하지 말라고.
어렵다.
정말 어렵다.
내 신앙의 여정은 엘라 골짜기 어딘가에서 여전히 전투 중이지만,
이 마음으로 싸우는 게 좀처럼 쉽지가 않다.
자본주의 시대에 묻힌 다윗의 외침을 마음속으로만 되뇌며,
무기에 의존해보지 않으려 몸부림만 쳐보는 중이다.

언젠가는 나도 다윗처럼 당당하게 외치는 날이 왔으면 좋겠다.
여호와의 구원하심이 칼과 창에 있지 않다고.
온 무리가 알도록.

다윗이 이같이 물매와 돌로 블레셋 사람을 이기고
그를 쳐죽였으나 자기 손에는 칼이 없었더라
사무엘상 17:50

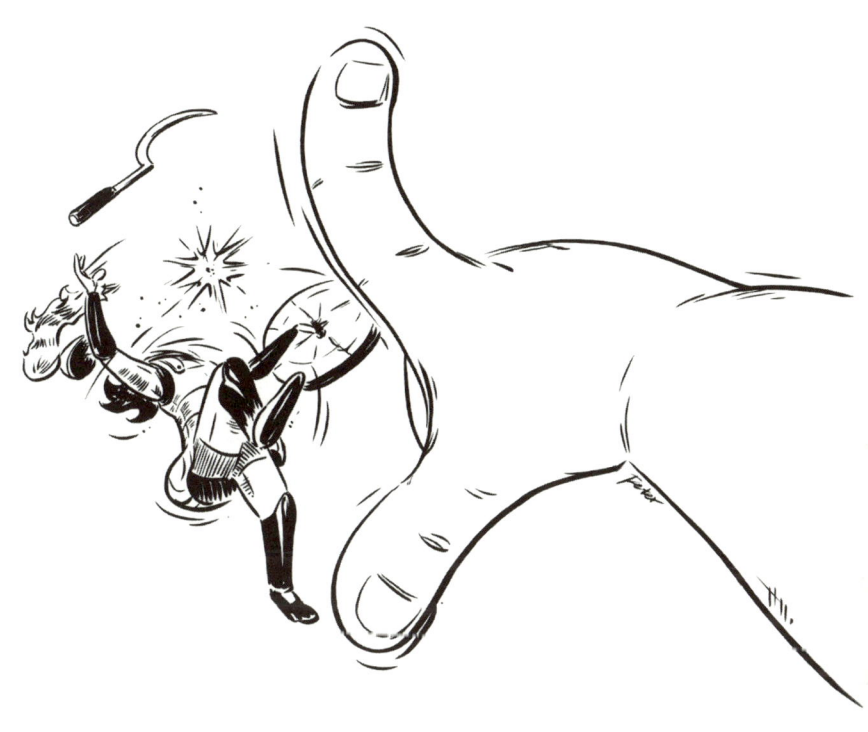

다윗은 돌을 던졌을 뿐···
골리앗에게 날아간 것은
하나님의 심판이었다.

2막

다윗과 사울

David & Saul

01 | 백성이 사울에게서 흩어지는지라
사무엘상 13:8

사울 왕 집권 2년.
블레셋 사람들과 또 큰 전쟁이 일어난다.
사울이 이스라엘 장정들을 길갈로 소집했지만
이번에 모인 블레셋 군의 규모는 어마어마했다.
전차가 삼만 대, 기병이 육천 명, 보병은 해변의 모래알만큼.

압도적인 규모에 겁먹은
이스라엘 장정들은 하나둘 탈영하기 시작한다.
군 전체를 규합시키고 떨어진 사기를 끌어올리려면
큰 구심점이 하나 필요했는데,
그것이 바로 여호와께 제사를 드리는 것이었다.

그런데 이상했다.
그날따라 제사장 사무엘이 도착하지 않았다.
오기로 한 날짜에서 일주일이나 더 기다렸건만
온다는 기별조차 없었다.

적의 군대는 규모가 갑절이고
아군은 사기를 잃어가고 사무엘은 오지를 않고,
그야말로 진퇴양난이었다.
이스라엘의 위기, 아니 사울의 위기였다.

백성이 사울에게서 흩어지는지라
사무엘상 13:8

집권 2년 차.
아직은 모든 지파의 지지를 얻어내지 못한 상황.
지파 중 가장 작은 지파였던 베냐민 출신이란 사울의 약점은,
다른 지파들로 하여금 늘 지도력을 의심케 했다.
그리고 지금,
그렇게 어렵게 끌어모은 장정들조차 흩어지기 시작하고
사울의 지도력은 벼랑 끝으로 몰린다.

칼끝이 목에 와 닿는 순간.
내 자리가 위협받을 때.
하나님의 법을 끝까지 지킬 것인가?
아니면 그냥 타협할 것인가?

내가 사울이라면 과연 어떻게 했을까…?

눈 딱 감고
한 번만 타협하면 돼...

02 | 명령을 지키지 아니하였도다
사무엘상 13:13

사울이 이르되 번제와 화목제물을 이리로 가져오라 하여 번제를 드렸더니
사무엘상 13:9

인내심이 한계에 다다른 사울은 직접 번제를 드린다.
제사장만이 제사를 드릴 수 있다는 율법을 깨고.

1) 이만큼 했으면 됐어!
2) 일주일이나 기다렸어! 나니까 그 정도라도 기다린 거지!
3) 나 살자고 이런 건가? 모두에게 필요한 거였잖아!
4) 위급할 때 이 정도 융통성은 필요한 거 아닌가?

타협이 필요할 때 당신은 몇 번을 선택하는가?
나는 2번이다. "그래, 나 정도 되니까 이만큼이라도 했지."

그가 왕위에 오르거든 이 율법서의 등사본을 레위 사람 제사장 앞에서
책에 기록하여 평생에 자기 옆에 두고 읽어 그의 하나님 여호와
경외하기를 배우며 이 율법의 모든 말과 이 규례를 지켜 행할 것이라
그리하면 그의 마음이 그의 형제 위에 교만하지 아니하고
신명기 17:18-20

왕은 이미 인간의 가장 높은 위치에 올라서 있는 사람이다.
스스로 노력하거나 제도적으로 견제하지 않으면
다른 이보다 자신을 높게 여길 가능성이 매우 커진다.
거의 반사적으로….
그래서 하나님은 율법을 통해 적절한 견제 제도를 세우셨다.
제사장은 제사의 임무를 맡고 왕은 정치와 국방의 임무를 맡는 것.
즉 제사와 정치의 완전한 분리이다.

이 제도 속에서 왕은,
왕이라도 모든 것을 마음대로 할 수 없고
지켜야 할 선이 있다는 것을 알게 된다.
왕 역시도 한 명의 인간일 뿐이라는 것을 배우는 것이다.

그것이 인류 역사에 등장했던 세상의 왕들과
하나님이 세우신 왕의 결정적 차이였다.

하지만 사울은 필요한 순간에 언제라도
그 선을 넘을 수 있다는 것을 보여주었다.
세상의 많은 왕처럼….

내가 손을 들어 여호와의 기름 부음 받은 자를
치는 것을 여호와께서 금하시나니
사무엘상 26:11

반면 다윗은 사울에게 쫓길 당시,
사울을 죽일 수 있는 기회가 두 번 있었다.
아주 쉽게 죽일 수 있었고 죽이기만 하면 모든 궁핍한 상황에서
단번에 벗어날 수 있는 결정적인 기회였다.

하지만 사울의 생명에 손을 대지 않았다.
선을 지킨 것이었다.
사울의 모습과는 대조적으로….

왕권을 지키기 위해 타협했지만
오히려 잃어버리고 말았습니다.
엉뚱한 손을 잡았기 때문입니다.

지금 당신은 어떤 손을 잡고 있나요?

03 | 왕의 나라가 길지 못할 것이라

사무엘상 13:14

이 모습을 본 하나님은 사울을 왕으로 세운 것을 후회하신다.
그리고 다른 이를 왕으로 세우기로 결정하신다.
집권 2년 만에 사울은 왕권을 잃게 된다.

지금은 왕의 나라가 길지 못할 것이라
여호와께서 왕에게 명령하신 바를 왕이 지키지 아니하였으므로
여호와께서 그의 마음에 맞는 사람을 구하여
여호와께서 그를 그의 백성의 지도자로 삼으셨느니라

사무엘상 13:14

여기서 한 가지 의문이 있다.
집권 2년 차에 왕권을 잃은 사울이 정작 왕에서 물러난 것은
그 후로도 약 30,40년 뒤의 일이다.
길보아산 전투에서 전사하며 그의 집권이 비로소 끝을 맺으니,
비록 전사이긴 했으나 당시 평균 수명과 비교했을 때
사실상 천수를 누린 셈이다.
그렇다면 그는 하나님으로부터 왕권을 잃은 게
정말 맞을까…?

하나님은 다른 이를 왕으로 세우시기로 결정하시고도
왜 30년 이상 통치할 수 있도록 허락하신 걸까?
그저 다윗을 훈련시키기 위해서?
아니면 하나님의 일 처리가 느려서?

성경에는 이런 의문을 해소해줄 만한 기록이 없다.
그런데 하나님의 마음을 헤아려봤을 때
'혹시 이런 마음이 아니셨을까?' 싶은 조심스런 추측은 있다.

아마도 사울을 기다려주신 게 아니었는지….
혹시나 마음을 돌이킬 수도 있다는 실낱 같은 희망을 가지고
무려 삼십여 년이라는 긴 세월 동안 말이다.

하나님은 누군가를 왕좌에 앉히시기도 하고
누군가를 왕좌에서 내리시기노 하지만
이전에 '그 누군가의 아버지'이시기도 하기 때문이다….

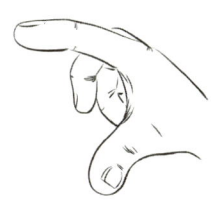

04 | 사울은 천천이요 다윗은 만만이로다
사무엘상 18:7

극적으로 골리앗을 쓰러뜨리며 역사에 등장한 다윗은
그 공을 인정받아 사울의 군대 장관이 되고 본격적으로 공적을 쌓는다.
공적이 쌓이자 국민들의 지지율이 높아지는데
다윗의 지지율이 높아질수록 사울은 불안해지기 시작한다.
이윽고 그의 불안을 자극하는 여인들의 떼창.

사울이 죽인 자는 천천이요! 다윗은 만만이로다!
사무엘상 18:7

11년 전, 처음으로 '그림묵상'이라는 첫 책을 출간했다.
짧은 글과 그림으로 이뤄진 그 책이 신선했는지
독자들의 반응이 매우 좋았다.
10년간 총 30쇄를 찍었고 판매율도 늘 상위권에 있었다.
무엇보다 좋았던 것은 '그림묵상' 하면 독자들이
제일 먼저 내 이름을 떠올렸다는 것이다.
내가 무슨 선구자라도 된 것처럼 괜히 우쭐해졌다.

5년 정도 지나자 다른 작가들이 하나둘 나오기 시작했는데,
그림묵상이란 장르로 새 책을 출간한 다른 작가들은
나보다 좋은 글과 멋진 그림으로 더 큰 인기를 얻기 시작했다.
그리고 그들이 인기를 얻을수록 나는 상대적으로 잊혀가기 시작했다.
기분이 이상했다.

결정타는 2년 전 부산에서 맞았다.
어떤 찬양단체의 청년들과 승합차를 타고 이동하던 중,
옆에 앉아 계신 지인께서 청년들에게 이런 질문을 던졌다.

지인   형제, 자매님들 지금 내 옆의 이분이 어떤 분인지 알아요?
청년들 누구신데요? (초롱초롱한 눈빛으로)
지인   그림묵상의 작가님이에요.
      여러분들 모두 한 번쯤은 이분 그림 봤겠죠?
본인   아! 왜 이러세요? 저 그렇게 유명하지 않습니다. 허허허!
      (너스레를 떨며)
자매1 그림묵상 작가님이세요? 나 그렇잖아도 그 책 샀는데.
      지금도 가지고 있어요! 저자를 이렇게 만나다니 신기하다!
      반갑습니다, 김민석 작가님! 《미루나무 그림묵상》 팬이에요!

내 책이 아니었다….

"사울은 천천이요! 다윗은 만만이라!"

세월이여….
말씀이 날카롭게 꽂힌다.
그래도 사울처럼 되진 말아야지.
오히려 다른 작가님들의 작품을 축복하리.
그렇게 축복하며 울다 잠들리….

내 자리까지 오를 수 있도록
누군가를 끌어주고

05 | 사울이 다윗을 주목하였더라
사무엘상 18:9

사울의 질투로 국정 운영은 마비된다.
국정 운영에 사용해야 할 힘을
다윗 사냥에 쏟아부으니 나라 꼴이 엉망이 된다.

다윗에게는 만만을 돌리고 내게는 천천만 돌리니
그가 더 얻을 것이 나라 말고 무엇이냐 하고
그날 후로 사울이 다윗을 주목하였더라
사무엘상 18:8,9

사울의 질투는 고대 중동에서 막 태동한
신생국가의 왕소만 쥐는 일이 아니다.
그 질투심은 우리 일상 속에서도 빈번히 일어날 수 있다.

당신이 만약 자영업자인데
새로 개업한 옆 가게가 당신 가게의 손님을 빼앗아 간다면,
그렇다면 그리스도인인 당신은 어떤 마음이 들까?
과연 그 가게를 축복할 수 있을까?
교회 공동체는 어떨까? 학교에서는? 직장에서는…?

생존권이 위협받을 수 있는,
아니 더 쉽게 말해 밥그릇을 빼앗길 수 있는 상황 속에서
경쟁자를 축복할 수 있는 사람이 과연 몇이나 될까?

질투란 로맨스물에만 나오는 소재가 아니며
나같이 '작가'라는 특정 직업군만의 전유물도 아니다.
질투는 보편적인 인간의 감정이다.
우리 중 누구라도 사울처럼 행동하지 말라는 법은 없다.

그렇다면 지금,
당신이 주목하고 있는 그 사람은 누구인가?

심지어 밟고 올라서도 될 만큼
자신을 내어줄 수 있는
그런 사람이 될 수 있다면...

06 | 온 이스라엘과 유다는 다윗을 사랑하였으니

사무엘상 18:16

하나님이 함께하시자 다윗이 하는 모든 일이 형통해진다.
하는 모든 일에서 모자라거나 넘치는 바가 없었으니
사람들에게 트집 잡힐 일도 없었다.
국민의 지지가 사울에게서 다윗에게로 완전히 옮겨가고 있던 것이다.

온 이스라엘과 유다는 다윗을 사랑하였으니
그가 자기들 앞에 출입하기 때문이었더라

사무엘상 18:16

과거 한 선교지에서 6개월간의 단기 프로젝트를 진행한 적이 있었다.
당시 나는 그 프로젝트를 총괄하던 책임자였는데 성과가 매우 좋았다.
시작부터 마무리까지 좋은 열매를 맺었고 진행도 깔끔했다.
프로젝트가 진행되는 몇 개월 동안,
나는 내부에서 굉장히 전도유망한 사역자가 되어 있었다.

이상한 조짐이 보이기 시작한 것은 프로젝트가 끝난 직후였다.
프로젝트의 팀원이던 친구가 갑자기 주목을 받기 시작하는 것이었다.
동료들이 그의 지혜를 더 칭찬했고 지지했다.
내 이름보다도 그 친구의 이름이 더 많이 불리는 듯했다.

마치 불꽃이 옮겨붙듯,
내 불꽃이 서서히 꺼져가고 있다는 느낌을 받았다.

물론 난 선교사였고 하나님 일에 헌신한 사람이었지만,
그 느낌을 지금도 잊을 수가 없다.
그때 묵상 중 이 구절에서 마음이 '덜컥' 멈췄다.

"사울이 다윗을 주목하였더라."

지지도가 높아가던 그 친구를
사울의 눈빛으로 주목하고 있는 내가 보였다.
나는 간절히 기도했다.
지금 나와 가까운 사람을 시기하기 시작했는데,
이 감정에 빠지지 않게 붙잡아 달라고….
사울처럼 되지 않도록 지혜를 달라고….

말씀을 읽으며 마음을 붙들었고 그 친구를 오히려 더 축복했다.
그러기를 몇 주, 다시금 안정을 찾을 수 있었고
마음의 평안도 회복되었다.

말씀이 없었다면 난 어떻게 됐을까?
자가진단 _{自家診斷} 못 했더라면 친구를 잃진 않았을까?

말씀이 있어서 정말 다행이다.
나를 지켜주었고 친구와의 우정까지 지켜주었으니….

07 | 여호와께서 함께 계심을
사무엘상 18:28

사울이 다윗을 더욱더욱 두려워하여
사무엘상 18:29

사울이 다윗을 더욱더욱 두려워했다.
성경에 '더욱'이란 단어가 두 번이나 중복될 만큼.
그래서 다윗을 죽이려고 온갖 일을 행한다.

창을 두 번이나 던져도 보고
살벌한 전쟁터에도 내보내본다.
결혼 지참금으로 적의 포피 백 개를 요구하자,
적의 포피 이백 개를 가져온다.
직접 죽이려 해도 안 되고
적의 손으로 죽이려 해도 안 되고
자객을 보내봐도 안 된다.
온갖 시도를 다 해보지만 다윗은 결국 빠져나간다.

더 똑똑하고 능력 있고 권력까지 가진 왕이,
자기 수하의 한 사람을 없애기 위해
온갖 수단을 다 동원하지만 결국은 실패한다.
어떻게 이런 일이 가능했던 걸까?
다윗이 사울보다 똑똑해서?
아니면 억세게 운이 좋아서?

여호와께서 다윗과 함께 계심을 사울이 보고 알았고
사무엘상 18:28

하나님이 다윗과 함께 계셨기 때문이다.
하나님이 다윗을 보호하기로 결정하신 것이다.

내 인생의 주인은 나

뉴질랜드에서 만난 한 교민 사업가를 알고 있다.
'백종원'이란 별명을 가진 교인이었는데
여러 개의 식당을 성공적으로 운영하며
현지에서 승승장구하고 있는 사람이었다.

우연히 그 사업가 소유의 식당 한 곳으로 초대를 받았다.
기쁜 마음으로 초대에 응했고 음식을 맛보았다.
음식의 맛(게다가 건강식)부터 인테리어, 직원들의 서비스까지….
어디 하나 흠잡을 데 없이 훌륭하고 완벽했다.
감탄이 절로 나왔다.
식사 후 교제를 하며 식당을 하게 된 계기를 들었다.
그러고는 그 분의 인생 스토리까지 듣게 되었다.
많은 이야기를 나눴지만 이 말이 가슴에 딱 남았다.

"제가 잘해서가 아니고 다 은혜예요.
일단 식당이 새로 문을 열면
사람들이 그냥 찾아와주더라고요."

'찾아와줬다….'
특별히 그 표현이 마음에 남았다.

'손님들을 오게 만들었다'가 아닌 '손님들이 와주었다'라는
다소 수동적인 의미의 그 표현이….
정확히는 하나님께서 손님을 보내주셨다란 의미를 담고 있었다.

세상에는 자영업자들을 위한 수많은 장사 전략이 나와 있다.
손님을 오게 만드는 방법!
이 표현의 주체는 '나'이다.
내가 손님을 끌어들일 수 있다는 의지가 담겨 있다.
하지만 그 사장님의 '찾아와주었다'란 표현에는
그런 의지가 결여되어 있었다.
세상의 관점에서는 자신감이 결여된 표현일 수도 있었다.
그렇다면 사장님은 자신감도 실력도 없는,
그저 운 좋은 사나이에 불과했을까…?

그렇지 않았다.
누구보다 열심히 일했고 열심히 연구했다.
충분히 자신의 힘으로 이뤘다고 말해도
시시비비 가릴 것 없는 그런 사람이었다.

하지만 그럼에도 불구하고,
그 어떤 노력을 하더라도 손님을 보내주시는 분은
결국 하나님이라는 것을,
자신의 사업을 책임져주시는 분이 하나님이라는 것을,
그 분은 알고 있었다.
그 표현에서 진심으로 묻어나오고 있었다.

싸울 날을 위하여 마병을 예비하거니와 이김은 여호와께 있느니라
잠언 21:31

08 | 그가 짐보따리들 사이에 숨었느니라

사무엘상 10:22

사무엘이 왕을 지명하기 위해
이스라엘 백성을 미스바로 불러모은다.
열두 지파 각각 천 명씩 앞으로 나오게 한 후,
그중 베냐민 지파를 뽑는다.
베냐민 지파를 가문별로 나오게 한 후,
마드리의 가문을 뽑는다.
그리고 그 가문 안에서 기스의 아들 사울을 뽑는다.
모든 백성이 보는 앞에서 사울이 왕으로 임명된다.

하지만 사울은 그닐 그 자리에 없었다.
왕이 될 것을 미리 알고 있던 사울은,
그날 자신의 창고 짐꾸러미 사이에 숨어버리고 만다.
하나님의 큰 계획 앞에서 자신이 너무 작다고 생각했기에
두렵고 민망했던 것이다.

나는 이스라엘 지파의 가장 작은 지파 베냐민 사람이 아니니이까?
또 나의 가족은 베냐민 지파 모든 가족 중에 가장 미약하지 아니하니이까?

사무엘상 9:21

처음부터 변질되는 사람은 없다.
처음에는 대부분은 순수한 동기로 하나님 일을 시작한다.
하지만 시간이 흐르고 권력이 형성되고
그 안에서 길들여지며 조금씩 변해간다.
변해가고 있다는 사실을 모른 채….

나는 '왕 사울'을 볼 때마다 '청년 사울'의 모습도
함께 떠올리곤 한다.
차라리 왕이 되지 않았다면 어땠을까?
평범하게 살다가 생을 마감했더라면
지금처럼 변질될 일도, 버림받을 일도 없었을 텐데….
왕이 된 사울의 모습을 볼 때마다 마음이 아프다.
그도 한때는 다윗 같은 순수한 청년이었다는 사실이….

사울의 이 청년 시절을
다른 말로 초심初心이라고 하는 것 아닐까?

3막

다윗과 광야

David & Wilderness

01 가드 왕 아기스에게로 가니
사무엘상 21:10

다윗은 사울을 피해 가드로 망명한다.
가드는 골리앗의 고향.
다윗 스스로 적의 본진으로 찾아 들어간 것이다.
사울이 얼마나 두려우면 그랬을까…?

그날에 다윗이 사울을 두려워하여 일어나
도망하여 가드 왕 아기스에게로 가니
사무엘상 21:10

다윗은 일평생 누군가를 두려워한 적이 거의 없다.
골리앗 앞에서도 위축되지 않았고
크고 작은 치열한 전투에서도 물러서는 법이 없었다.
굳이 찾아본다면 노년에 전쟁터에서
노화로 인해 잠시 위험한 순간이 왔었다는 정도.

하지만 그런 다윗도 일평생 크게 두려워한 인물이 딱 두 명 있었는데,
그중 한 명이 지금 자신을 쫓고 있는 사울이고
나머지 한 명은 훗날 자신을 쫓아낼 압살롬이었다.
둘 다 권력에 집착하던 인물이었고 가장 가까운 주변인이었다.

그리고 보면 진짜 적은 늘 내부에 있다.
멀리서 찾고 경계할 필요가 없다.

다윗의 가장 큰 적은
결국 '다윗 자신'입니다.

02 | 그의 행동을 변하여 미친 체하고
사무엘상 21:13

다윗이 가드 왕 아기스 앞에 서자 주변의 신하들이 다윗을 알아본다.
'저 사람은 골리앗을 쓰러뜨린 이스라엘의 영웅 아닌가?'
'사울보다 더 큰 업적을 이룬 차기 대권주자 아니었나?'

위기감을 느낀 다윗은
그 자리를 벗어나기 위해 미친 척하기 시작한다.
대문 앞에서 왔다 갔다 하며 문에 머리를 찧고
수염에 침을 질질 흘리며 혼자서 중얼거린다.
이 모습을 본 아기스 왕은 다윗을 내쫓는다.
그렇게 제 발로 찾아간 가드를 다시 빠져나온다.

온 이스라엘과 유다는 다윗을 사랑하였으니
사무엘상 18:16

온 국민의 사랑과 칭찬을 받던 다윗.
하는 일마다 형통했고 사람들이 인정했으며 여인들은 주목했다.
공주와 결혼하여 왕실의 일가도 되었다.
그야말로 일생에 경험해보지 못했던 수직상승이었다.
인생의 정점을 찍고 있었다.

그랬던 그가 한순간 도망자의 신세가 되어버린다.
뿐만 아니라 그의 집안도 함께 패가망신하여 광야를 떠돌게 된다.
사울의 질투로 인해 모든 것이 급격히 추락하는 것이다.
사실 남자가 이렇게까지 추락하고 나면 남는 건 하나밖에 없다.

'자존심'

그나마 가지고 있던 그 알량한 자존심.
하지만 그 자존심조차도 아기스 왕 앞에선 버려야 했다.
왕실의 일가였고 국왕의 식탁에서 식사를 하던 그가,
절박한 순간에는 미친 척 연기를 해야 했던 것이다.
배워본 적조차 없었던….

그들 앞에서 그의 행동을 변하여 미친 체하고
대문짝에 그적거리며 침을 수염에 흘리매
사무엘상 21:13

살아남기 위해서 연기해야 할 때가 있다.
싫어도 좋은 척, 좋아도 싫은 척.
절박한 상황에선 이래야 살아남는다.
가끔은 내가 진짜 미친 게 아닌가 싶기도 하다.

하지만 그런 곳이 광야 아닐까?
내 모습 그대로 살 수 있는 곳은 광야가 아니니….

자존심을 버린다는 것.
다윗은 그렇게 광야에 입문하기 위해
입장권 한 장을 제대로 구입했다.

그의 광야생활이 그렇게 시작되었다.

남은 건 자존심뿐인데
그마저도 버리라 하실 때가 있습니다.

03 | 아둘람 굴로 도망하매
사무엘상 22:1

가드에서 빠져나온 다윗은 광야의 아둘람 굴로 숨어들었다.
굴에서 생활할 당시 400여 명의 사람들이 모여들었는데
대부분이 '환난 당한 자와 빚진 자, 마음이 원통한 자들'이었다.
한마디로 비주류들이었다.

이들에 대해서는 여러 해석이 있다.
사울의 정권에 편입하지 않은 의인들이었다는 해석도 있고
그저 단순한 사회적 약자들이란 해석도 있다.
하지만 중요한 것은 어떤 부류였느냐가 아니라,
이들이 아둘람 굴 출신이라는 열악한 조건을 극복하고
훗날 다윗 왕권의 개국공신이 되었다는 것이다.
다윗의 리더십 아래서….

환난 당한 모든 자와 빚진 모든 자와
마음이 원통한 자가 다 그에게로 모였고
그는 그들의 우두머리가 되었는데
그와 함께한 자가 사백 명가량이었더라
사무엘상 22:2

평생을 서너 명을 대상으로 목회하신 목사님을 알고 있다.
목회의 대상은 대부분 장애를 안고 있거나 심리적 연약함을 안고 있는,
한마디로 평범한 생활을 하기가 쉽지 않은 그런 청소년들이었다.
그야말로 '환난 당한, 빚진, 마음이 원통한 자들'이었다.

목사님은 그 친구들을 오랫동안 인내하며 돌보셨다.
최소 3년에서 길게는 10년.
그리고 각각의 진로에 맞는 대학으로 입학시키셨다.
이들 중에는 미국의 유명 대학으로 진학한 아이도 있고
평범한 지역 대학으로 진학한 아이도 있다.

좋은 리더십이란 이런 것 아닐까?
궁전으로 모인 인재 중 가장 뛰어난 인재를 뽑아 쓰는 것이 아니라,
아둘람 굴 속 영혼들이 굴 밖 세상의 구성원으로 살아가도록 돕는 것.
한마디로 '아싸' out sider 가 '인싸' in sider 되게 하는 것.

예수님의 제자들처럼 말이다….

04 | 우리가 유다에 있기도 두렵거든 하물며
사무엘상 23:3

아둘람 굴에서 생활하던 다윗에게 한 첩보가 전해진다.
블레셋 사람들이 그일라를 약탈하고 있다는 것이다.
다윗은 고민하며 하나님께 기도한다.
그러자 하나님은 그일라를 돕고 블레셋과 싸우라고 응답하신다.
그때 다윗의 부하들이 말한다.

"우리가 도망생활하기도 버거운데
어떻게 그일라 사람들까지 도운단 말입니까…?"

맞는 말이다.
도망자 주제에 겨우 입에 풀칠이니 하면서
어찌 다른 사람을 돕는다는 걸까?
어쩌자고 하나님은 '내 코가 석 자'인 다윗에게
그일라까지 도우라고 말씀하시는 걸까?

다윗의 사람들이 그에게 이르되 보소서
우리가 유다에 있기도 두렵거든 하물며 그일라에 가서
블레셋 사람들의 군대를 치는 일이리이까 한지라
사무엘상 23:3

일본에서 일러스트레이션 전시회를 연 적이 있었다.
'바리스타로 오신 예수'라는 주제로 전시했는데,
적지 않은 분들이 찾아와주셨고 호응해주셨다.
행복한 시간이었다.

어느 날 전시장을 찾은 한 일본 분이
전시장에서 오랫동안 내 그림을 감상하셨다.
그러고는 내게 찾아와서 말했다.
일러스트 작업을 의뢰하고 싶다고….
나는 비용을 말씀드렸다.
그러자 그 분은 흔쾌히 일을 의뢰했다.
적지 않은 비용이었음에도 불구하고 낯선 외국인에게
일을 의뢰하시는 그 분의 모습이 참 신기해서
무슨 일을 하시는 분인지 여쭤봤다.
알고보니 그 분은 건물을 소유하고 계신 '건물주'였다.
(조물주 다음으로 높다는….)

살다 보니 일본 건물주에게
일을 의뢰받을 날도 있다며 기쁘게 돌아왔다.
돈 받을 생각하니 벌써부터 가슴 한구석이 감동으로 벅차올랐다.
하나님이 살아계시는 것만 같았다.

다음 날 아침, 기도 중 나지막이 주님의 음성을 들었다.

'그림을 그냥 선물하면 좋겠다….'

마음 한구석이 아려왔다. 아….
난 하나님께 몇 번이고 되물었다.
'내가 누굴 도울 만한 처지가 아니라고!'
'나는 가난한 예술가고 그 사람은 부자라고!'
'왜 그렇게까지 해야 하냐고!'

마치 다윗의 부하들이 다윗에게 항변하듯
한참을 투덜대고 있을 때 다시 응답을 받았다.

'모든 이에게는 내 사랑이 필요하단다.
네 그림이 그 통로가 되어주길… '

결국 순종했다.
좀 투덜대면서 며칠간 작업한 그림을 그냥 선물해줬다.
그리고 메시지를 전했다.
하나님이 당신을 이만큼, 아니 이보다 더 사랑하신다고….
그 분은 감동하시며 하나님이란 친구를 알게 된 것 같아 좋다고 하셨다.

다윗이 이와 같이 그일라 주민을 구원하니라
사무엘상 23:5

만약 내가 그 분께 돈을 받았다면
그 돈은 한 달 내에 사라져 없어졌을 것이다.
하지만 그림을 그냥 선물함으로써
그림의 메시지는 향후 수년간 그 분의 거실에 걸려
그 분께 메시지를 건네고 있겠지….
그렇게 생각해보니 하나님의 계산이 맞았다.
(그분은 이해타산은 언제나 정확하다.)

지금도 누군가를 돕기로 할 때마다
내 안에서 다윗의 부하들이 말한다.
'도망자 신세에 무슨 그일라까지 가서 블레셋 사람들과 싸웁니까?'
'내 처지도 넉넉지 못한데 누굴 돕겠다고 호들갑이십니까?'

하지만 내 처지와 무관하게 하나님은 응답하신다.
'일어나 그일라로 내려가라!
내가 내 손에 그들을 넘기리라!'

05 | 그들이 너를 넘기리라
사무엘상 23:12

결국 다윗은 달려가 그일라 성을 구원한다.
이 소식을 들은 사울은 다윗을 잡기 위해
그일라 성으로 군대를 보내려 했다.

그일라는 작은 외성이기에 사울의 대군이 오면
성 주위를 완전히 에워쌀 수 있었다.
사울은 성을 포위한 상태에서 다윗을 사로잡으려 했다.
하지만 이 소식을 들은 다윗이 다시 하나님께 기도한다.
'하나님, 사울이 대군을 몰고온다는데
그일라 사람들이 저를 사울에게 넘겨주겠습니까?'

그러자 하나님이 응답하신다.
'그렇다. 그 성의 사람들이 너를 사울에게 넘길 것이다.'

응답을 받은 다윗과 일행은
사울의 군대가 출발도 하기 전에 미리 성을 빠져나간다.

열악한 상황 속에서도 믿음으로 순종했지만
돌아오는 결과는 '사람들의 배신'이었다.

여호와께서 이르시되 그들이 너를 넘기리라
사무엘상 23:12

하나님 뜻에 순종했는데 결과가 기대와 다를 때가 있다.
오히려 손해볼 때도 있고 상황이 더 악화될 때도 있다.

대학생 시절 나는 전도에 대한 열정으로 뜨거웠는데,
기도할 때마다 믿지 않는 친구 한 명이 떠올랐다.
기도할 때뿐만 아니라 말씀을 읽을 때도 떠올랐다.
계속해서 그 친구가 생각났다.
결국 복음을 전하라는 하나님의 뜻을 깨닫고는
용기를 내서 그 친구를 찾아갔다.
그리고 복음을 전했다.

하지만 웬걸?
순종했으니 친구가 눈물을 흘리며 예수님을 영접할 줄 알았는데
기대했던 바와는 전혀 다른 반응을 보였다.
'얘가 왜이러지?'라는 식의 반응을….
우리는 서로 무안해졌고 나는 크게 실망했다.

그날 이후, 한 선배를 만나 내 마음을 하소연했다.
하나님 뜻에 순종하여 복음을 전했는데 서로 민망해지기만 했다고….
하소연을 들은 선배는 이런 조언을 해주었다.
순종이란 순종 자체에 의미가 있다고.
그러니 그분의 뜻을 따랐으면 그걸로 된 거라고….
이상하게 그 말이 위로가 되었다.

그 후로는 결과를 의식하지 않고 순종하게 되었다.
나쁜 말로는 '기대하지 않고' 순종하게 된 것이고
좋은 말로는 '마음을 비우고' 순종하게 된 것이다.
무엇이든 좋은 것이라 생각한다.

당신도 혹시 순종했는데 결과가 기대와는 반대인가?
그 뜻을 따랐으면 된 것이다.
그 자체로 이미 충분하다.

순종하기 위해
흙탕물로 뛰어들어야 할 때도 있습니다.

06 | 십 사람들이 사울에게 나아와 이르되
사무엘상 23:19

사울의 추적을 피해 다니던 다윗이
십 광야 하길라산 숲에 머물고 있을 때였다.
다윗을 발견한 그 지역 주민들이 사울을 찾아가
다윗의 거처를 신고했다.

다윗이 우리와 함께 광야 남쪽 하길라산 수풀 요새에 숨지 아니하였나이까?
그리하온즉 왕은 내려오시기를 원하시는 대로 내려오소서
그를 왕의 손에 넘길 것이 우리의 의무니이다 하니
사무엘상 23:19,20

다윗은 어디를 가도 사울에게 거처를 들킬 수밖에 없었다.
너무 많은 사람을 끌고 다녔기 때문이다.
장정만 600명.
그 가족들까지 포함하면 1,000명은 훌쩍 넘었을 것이다.

산도 많지 않고 숲도 별로 없던 광야에서
1,000여 명의 사람들이 몰려다닌다면 어찌 눈에 띄지 않을 수 있을까?
차라리 혼자였다면 완벽하게 숨을 수 있었을 텐데….
자신만의 안전을 위해서라면 그게 훨씬 효과적이었을 텐데….

하지만 다윗은 위험을 감수하면서까지도
자기 사람들을 버리지 않았다.
그 사람들의 가족까지 다 책임졌다.
이로 인해 도망생활이 더 험난해졌음은 말할 것도 없다.

팀을 이끌고 리더로 선교사역을 했던 적이 있다.
내가 직접 선발하고 모집한 사람들로 꾸린 팀이었는데
현지 선교센터 내에서는 제법 규모가 큰 팀이었다.
다들 팀을 보고 기대를 많이 했고
나 역시 그런 팀을 이끈다는 것이 뿌듯했다.

하지만 팀을 향한 기대와는 달리
정작 팀장인 나는 선교지에 잘 적응하지 못했다.
향수병에 시달렸고 현지 사람들과도 어울리지 못했다.
그렇게 1년 정도 겨우 버티다 선교지를 떠나기로 결정했다.

여러 이유로 나 자신을 합리화해봤지만
결론적으로는 나 살려고 내린 결정이었다.
나를 믿고 따라왔던 팀원들은 나의 결정에 적잖이 당황했고
결국 뿔뿔이 흩어지고 말았다.

선교지를 떠난온 지 얼마 안 되었을 때
하나님께서 말씀으로 책망하셨다.

삯꾼은 목자가 아니요 양도 제 양이 아니라
이리가 오는 것을 보면 양을 버리고 달아나나니
이리가 양을 물어 가고 또 헤치느니라
요한복음 10:12

강하게 책망 받는 순간이었다.
목자가 양 떼를 버리는 것은 그냥 '실수'가 아니라 '죄'였다는 것을….

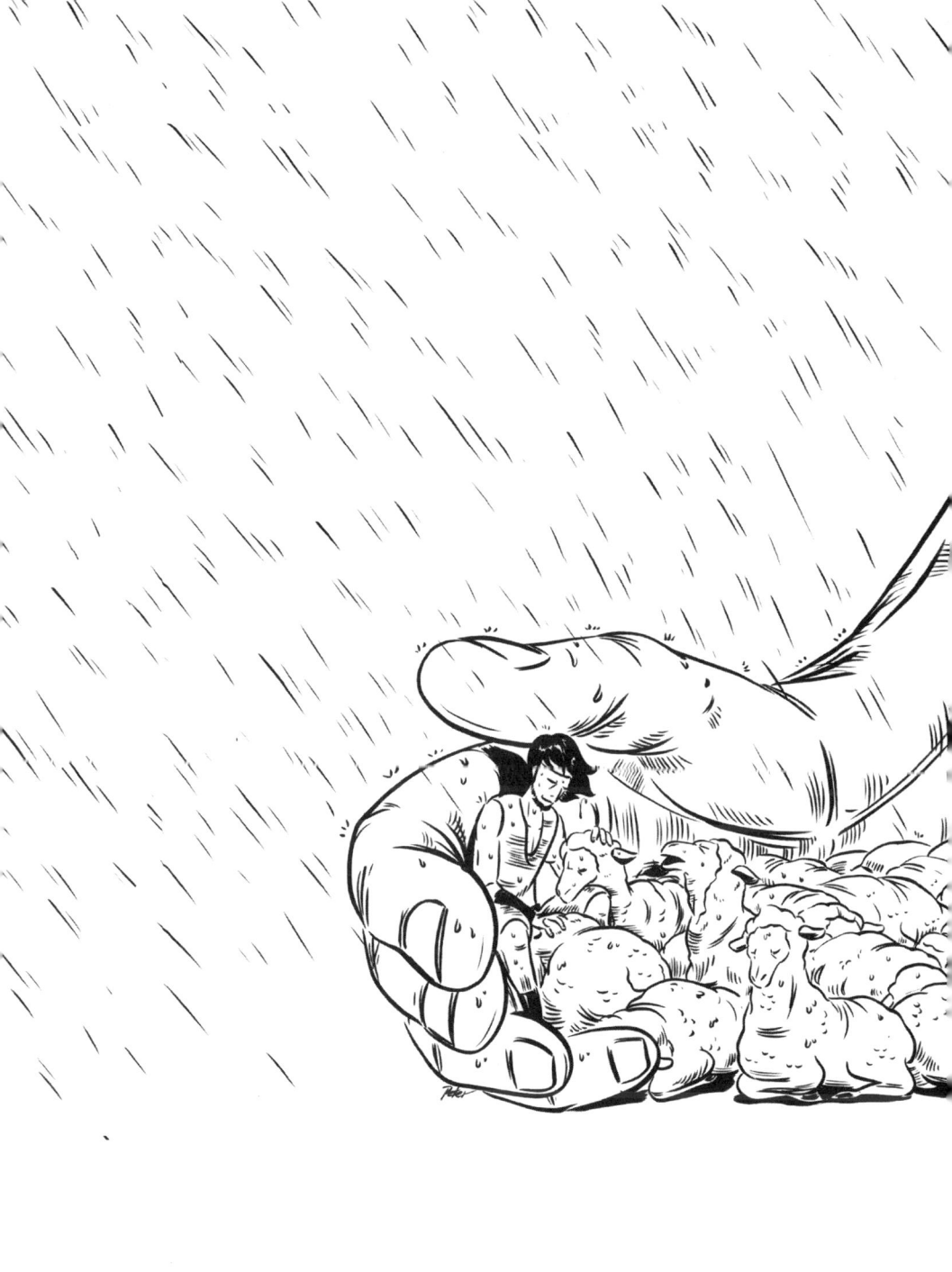

07 | 다윗의 마음이 찔려
사무엘상 24:5

다윗이 이번에는 엔게디 광야에 숨어 있었다.
그러자 누군가 또 그의 거처를 신고했다.
소식을 들은 사울은 정예병 삼천 명을 이끌고 그곳을 수색했다.

수색 중 갑자기 용변이 급해진 사울이
양 우리 옆, 굴속으로 들어가 용변을 보기 시작했다.
때마침 안쪽 깊숙이 다윗과 그의 부하들이 숨어 있었는데
등지고 용변을 보는 사울을 보던 부하 한 명이 말했다.

"드디어 하나님이 사울을 당신의 손에 넘기셨습니다!
사울이 죽는 날이 바로 오늘입니다!"

부하가 사울의 죽음을 얼마나 간절히 바랐던지 다윗을 부추겼다.
다윗은 조용히 사울의 겉옷자락 끝을 베어냈다.
그러자 즉시 양심의 가책이 느껴졌고 conscience-stricken(NIV)
부하들에게 사울을 절대로 죽이지 말라고 경고했다.

사울의 옷자락 벰으로 말미암아 다윗의 마음이 찔려
자기 사람들에게 이르되 내가 손을 들어 여호와의 기름 부음을 받은
내 주를 치는 것은 여호와께서 금하시는 것이니
사무엘상 24:5,6

다윗의 양심은 이렇게 사울 겉옷자락을
살짝 베어낸 만큼의 행동에도 즉각 반응할 만큼
민감하게 살아 있었다.

장어를 먹으러 유명한 식당에 간 적이 있다.
식당 주인은 수족관 속 살아 있는 장어를 보여주며 이렇게 말했다.
"싱싱한 놈들은 제가 수족관 근처에만 다가가도 민감하게 움직여요.
보세요! 지금 잡기도 전에 손만 살짝 담가도 꿈틀거리는 거 보이시죠?
싱싱하다는 뜻이에요."

정말 그랬다.
살아 있는 녀석들은 주인이 수족관에
손을 담그기만 해도 그 파장을 느끼며 긴장했다.
민감하게 반응하고 있었다.
하지만 구석의 몇몇 녀석들은 주인이 손을 담그고
움켜쥘 때까지 멍하니 움직이지 않고 있었다.
죽어가는 것들이었다….

장어를 보며 알게 됐다.
하나님 앞에서 양심이 '민감하다는 것'과 '무뎌져 있다'는 것.
그것은 단순히 좋은 것과 나쁜 것 정도의 차이가 아니었다.

'살아 있는 것'과 '죽어가는 것'의 차이였다….

신앙의 양심.

뜻에서 살짝만 벗어나도
즉각 반응할 만큼,
생생하게 살아 있습니까?

08 네 말을 듣고

사무엘상 25:35

마온에 나발이란 남자가 살고 있었다.
지역의 유지가 될 만큼 부유했지만
바보라는 의미의 나발이란 이름처럼
고집스럽고 미련한 사람이었다.
하지만 아내 아비가일은 그와는 반대로
아름답고 총명하고 지혜로운 여인이었다.

다윗과 그의 부하들은
광야에서 밤낮으로 나발의 가축을 지켜주었다.
그리고 나발의 집에 큰 잔치가 열리는 날,
다윗은 그에게 음식을 좀 나눠줄 것을 공손히 요청했다.
하지만 나발은 다윗을 무시하고 모욕했다.
다윗을 주인집을 뛰쳐나온 개로 묘사하면서….

참지 못한 다윗은 살기를 드러내며
칼을 차고 부하 400명과 함께 나발의 집으로 향했다.
성경에서 보기 힘든(거의 유일한) 다윗의 혈기였다.
전문용어로 그야말로 '눈이 돌아간' 것이다.

이 소식을 들은 아비가일은
음식을 잔뜩 싸들고 다윗을 향해 달려갔다.
그리고 오는 길 한가운데서 마주친 다윗에게 무릎을 꿇고
그를 달래며 설득했다.
여인의 말을 들은 다윗은 혈기를 가라앉힐 수 있었고
이성을 되찾을 수 있었다.
현명한 아비가일로 인해 그날 벌어질 잔인한 살육이 중단된 것이다.

다윗이 그가 가져온 것을 그의 손에서 받고 그에게 이르되
네 집으로 평안히 올라가라 내가 네 말을 듣고 네 청을 허락하노라
사무엘상 25:35

어떤 사람과 관계가 크게 틀어진 적이 있다.
그 사람은 나발이란 이름처럼 '미련하고 완고한' 사람이었는데
하나님께서 내가 그 사람과 관계가 틀어진 채로 지내는 것을
기뻐하지 않으셨다.

결국 나는 용기를 내어 메일을 보내 공손하게 화해의 제스처를 취했다.
내가 잘못한 일이 아니었기에 그런 제스처를 취하는 것만으로도
내게는 큰 용기가 필요했다.
쉽지 않은 시도였다.

하지만 상대의 반응은 기대와는 달리 '무례함' 그 자체였다.
이 정도까지 나를 낮췄으면 상대도 목례 정도는 해줄 줄 알았는데,
돌아온 것은 '무례함' 혹은 '무심함'뿐이었다.
순간 혈기가 올라왔다.

다시 한번 호흡을 가다듬고 장문의 메일을 써나갔다.
내게 이런 무례한 반응을 하는 것이 잘못된 행위라는 것을
일목요연하고 논리정연하게 정리해가며
글로 일종의 칼부림을 한 것이다.
옆에서 나를 지켜보던 아내가 한마디 했다.

"여보…, 당신은 이런 사람이 아니잖아요.
이번만 눈 딱 감고 이 사람과 풀면 원하는 모든 일이 이뤄질 텐데….
그냥 한 번만 넘어가면 안 되겠어요?"

아비가일처럼 현명하게 조언해주던 아내.
하지만 나는 다윗이 아니었다.
참을 수 없었던 나는
결국 메일을 보내고 말았다.
그 메일이 그 사람과의 마지막 소통이었다.
이후로는 어떤 대화도 주고받지 않게 되었으니까….

그의 이름이 나발이라 그는 미련한 자니이다
사무엘상 25:25

아내의 말을 듣지 않음으로써 그 사람과의 화해는 무산되었고
관계가 풀리면 얻을 수 있었던 모든 유익도 날아가버리고 말았다.
그리고 나는 이 일을 통해 알게 되었다.
내게 무례하게 행하던 그가 나발이 아니고 내가 나발이었음을….

덧붙여 아내의 말을 듣지 않는
이 땅의 모든 남자는 전부 '나발'이라는 것도….

하나님은 아내를 통해 말씀하십니다.

09 깊이 잠들게 하셨으므로 1
사무엘상 26:12

다윗의 거처가 또 노출된다.
사울은 다시 삼천 명을 이끌고 다윗을 찾아나선다.
지독하다.

지난번에는 굴에서 덜미를 잡혔던지라
이번에는 진지를 구축하고 그 한가운데에 자신의 천막을 세운다.
다른 병사들의 막사가 사울의 천막을 에워싸고 있어서
그 안으로는 아무도 침투할 수 없었다.

그날 밤 다윗과 아비새가 그 천막으로 기막히게 잠입한다.
그러고는 보란듯이 물병과 창 한 자루만 가지고 나온다.
사울의 몸에는 손끝 하나 대지 않은 채.

다윗이 사울의 머리 곁에서 창과 물병을 가지고 떠나가되
아무도 보거나 눈치 채지 못하고 깨어 있는 사람도 없었으니
이는 여호와께서 그들을 깊이 잠들게 하셨으므로
그들이 다 잠들어 있었기 때문이었더라
사무엘상 26:12

관찰카메라가 대세다.
피디가 몇 가지 설정을 해놓고 여기저기 카메라를 설치한다.
그러면 그 카메라에 잡힌 인물들이 다양한 행동을 하며
상황에 반응한다.
시청자들은 그 반응을 보며 재밌어 한다.
물론 나도 그런 프로그램을 즐겨 본다.

여호와께서 깊이 잠들게 하셨다.
'The Lord had put them into a deep sleep.'(NIV)
'하나님께서 모든 군인에게 깊은 잠을 집어넣으셨다.'

원어로는 '하나님께서 마취를 하셨다'는 의미로 표현되었다고 하는데,
이것은 철저하게 '기획된 상황'이란 뜻이다.
피디인 하나님이 상황을 설정하시고 사울의 침실까지
카메라를 설치하신 후 다윗의 반응을 보고 계신다.
시청자인 우리와 함께.

다윗은 이 상황에서 가장 훌륭한 반응을 한다.
하나님이 원하시는 바로 그 반응이다.
그러자 화면 밑에 그 반응을 강조해주는 자막이 뜬다.
감동적이다.
시청률도 역대급이다.

우리 역시 살다보면 이해할 수 없는 어려움을 만나곤 한다.
이상하리만치 일이 안 풀리고 막혀 있는 상황들.

'이 정도 시간과 노력을 들였으면 이제 풀려야 하는데….'

마치 누군가 일부러 막고 있는 것 같다.
정말 곤고하다.

하지만 이것은 모두 기획된 상황이다.
그 속에서 하나님이 우리의 반응을 보고 계시는 것이다.
그때 나는 어떤 반응을 했을까?
내 반응에는 어떤 자막이 뜨고 있었나?
시청률을 낮추기만 한 건 아니었는지.

다시 보기를 할 수 있다면
창피해서 끝까지 시청할 수 없을 것 같다….

당신은 몇 번 카메라에 잡혀 있습니까?

10 깊이 잠들게 하셨으므로 2

사무엘상 26:12

기획된 상황의 또 다른 의미는 안전한 상황이라는 뜻이다.
사지로 몰고 가서 끝내 사고가 나거나
죽는 장면을 보여주는 관찰카메라는 없다.
위험한 상황이 발생되면 촬영은 그 즉시 중단된다.

나 역시도 제법 긴 고난의 시간이 연출되곤 했었다.
하지만 그럴 때마다 나는 믿었다.
하나님은 일부러 내가 고통 받는 것을 즐기는 분이 아니시며
나의 성숙한 반응을 기다리고 계시다는 것을.
무엇보다도 내가 정말 위험해지면 촬영은 중단될 것임을.

지금 당신은 몇 번 카메라에 잡혀 있는가?
나보다는 성숙하게 반응해주리라 믿는다. 시청률 좀 올려주길….

그리고 당신도 믿었으면 좋겠다.
하나님은 당신의 고통도 즐기는 분이 아니시며
악한 의도로 지금 상황을 기획하지 않으셨다는 것을.
무엇보다도 당신 역시 위험해지면 촬영은 중단될 것임을.

11 그 마음에 생각하기를

사무엘상 27:1

다윗은 이스라엘의 적대국이었던 가드로 다시 망명,
시글락이라는 곳에서 1년 4개월간 머무르게 된다.
사울의 거듭된 추격으로 두려움이 깊어진 다윗이
'자신의 생각에 최선인 방법'을 선택한 것이다.
하지만 하나님은 그가 유다 땅에 머물러 있기를 원하셨다.

다윗이 그 마음에 생각하기를 내가 후일에는 사울의 손에 붙잡히리니
블레셋 사람들의 땅으로 피하여 들어가는 것이 좋으리로다
사무엘상 27:1

이 선택으로 사울의 추적은 모면하게 되지만
더 큰 일이 그를 기다리고 있었으니,
이스라엘과 가드 사이에 전쟁이 벌어진 것이다.
게다가 다윗이 가드의 편에서 이스라엘과 싸워야 하는 상황이 펼쳐졌다.
이스라엘의 왕으로 기름 부음 받은 자가 말이다.

결국 하나님이 개입하신다.
출전을 위해 행군하던 중 하나님이 기묘한 상황을 통해
그를 전투에서 제외시키신다.

그렇게 행렬에서 이탈한 다윗은 거처인 시글락으로 되돌아온다.
최선을 다하지 않아야 할 때도 있다.
최선을 다한다는 것은 좋은 미덕이지만
하나님의 뜻이 나의 최선과 다를 때는 최선을 다하지 않아야 한다.
(물론 말처럼 쉽진 않은 일이다.)

아브라함도 그랬다.
하나님은 아브라함이 가나안 땅에 머물러 있기를 바랐으나
아브라함은 기근을 견디지 못하고 애굽으로 이주한다.
자신의 생각에 최선인 길을 선택한 것이다.
결국 거기서 바로에게 아내 사라를 빼앗기게 된다.

하갈과 이스마엘은 또 어떤가?
하나님은 아브라함에게 자손을 주시겠다고 약속하셨다.
하지만 십수 년을 기다려도 아기 소식이 없었다.
결국 사라는 여종 하갈을 아브라함과 동침시키고 이스마엘을 낳는다.
훗날 이스마엘의 후손은
이스라엘을 괴롭히는 블레셋 민족의 기원이 된다.
인간의 최선이 상황을 더 악화시킬 때가 있는 것이다.

나 역시도 그랬다.
집중해서 글을 쓸 수 있는 조용한 장소를 찾기 위해
일부러 일본 교토까지 찾아 들어갔다.
그런데 이상한 일이 일어났다.
하루에 딱 두 편의 글만 쓸 수 있는 것이었다.

'일부러 큰 돈 들여 글 쓰러 왔는데
밤새 써도 모자랄 판에 딱 두 편이라니….'

스스로 최선을 다하고 있지 않다는 느낌을 받았고
마음이 불편했다.
죄책감까지 들었다.

하지만 어쩌겠는가?
더 쓰고 싶어도 써지지 않는 것을…,
더 써보려 하면 할수록 문장은 꼬여만 가고
이미 완성한 글까지 망쳐버리는 것을….

결국 하나님이 하루에 딱 두 편만 쓰도록
허락하시는 것이라고 결론 내렸다.
마치 만나와 메추라기처럼.
글 쓰고 남는 시간은 그냥 쉬기로 했다.
잘 쉬고 운동하고 산책하고.
주어진 만큼만 일하면 되는 거였다.
내게 주어진 만큼만.
(이 결정에도 용기가 필요했다.)

최선을 다하는 삶의 자세는 정말 중요하다.
하지만 하나님 뜻과 다른 나의 최선이
상황을 더 악화시킬 때가 있다.
그럴 때는 어깨에 든 힘을 빼고
최선을 다하지 않는 것이 최선이다.

역지로 열려 할수록 나만 힘들어집니다.

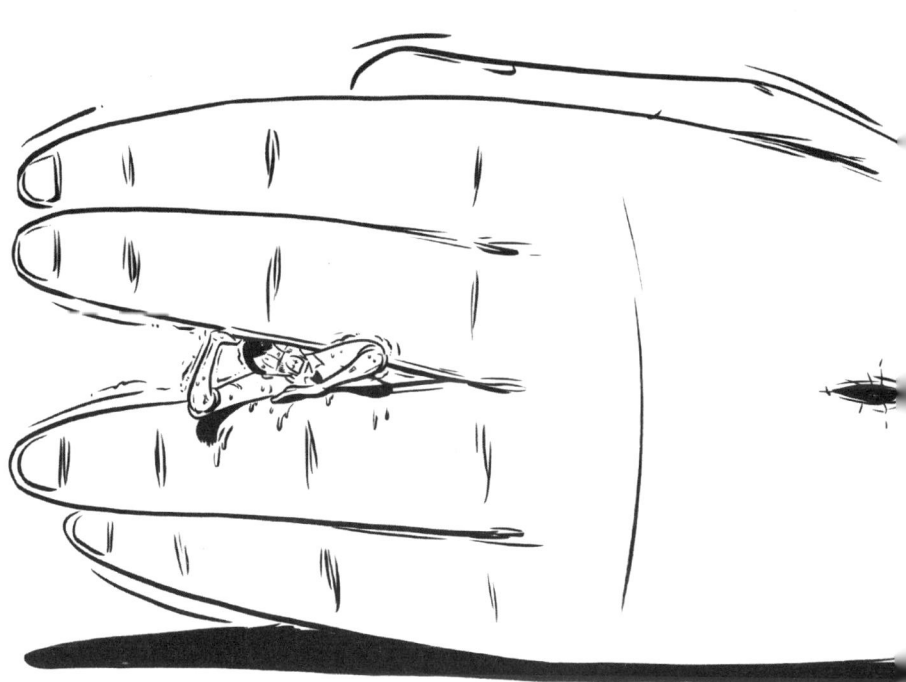

12 | 그에게 대답하지 아니하시므로

사무엘상 28:6

블레셋 군대가 수넴에 진을 쳤다.
이스라엘을 공격하기 위함이었다.
대규모 병력에 겁을 먹은 사울은 하나님께 기도했다.
하지만 아무런 응답이 없었다. 꿈으로도 표징으로도 예언으로도.

사울이 여호와께 묻자오되 여호와께서 꿈으로도,
우림으로도, 선지자로도 그에게 대답하지 아니하시므로
사무엘상 28:6

답답하고 불안했던 사울은
하나님께서 엄격히 금하신 일을 시도하고 만다.
무당을 찾아가 접신을 시도한 것이다.
사무엘 모습을 한 악령이 사울 앞에 나타나고,
이미 하나님께서 생전의 사무엘을 통해 말씀하셨던 예언이
악령의 입을 통해 한 번 더 확언된다.

여호와께서 나를 통하여 말씀하신 대로 네게 행하사
나라를 네 손에서 떼어 네 이웃 다윗에게 주셨느니라!
사무엘상 28:17

기도의 응답이 '무응답'일 때도 있다.
나의 경우 무응답의 대부분은 하나님의 거절이었다.
응답하지 않음으로써 'NO'라고 말씀하시는 것이다.
어떤 이는 하나님의 무응답은 '기다리란 뜻'이라고도 하는데
그 말도 맞다. 일리가 있다.

하지만 기다리라는 것도 당장은 'NO'란 뜻이다.
결론적으로는 모두 '거절'인 것이다.
물론 내 개인의 경우에.

사울은 나라를 빼앗기고 싶지 않았다.
자신의 후손들에게 왕좌를 끝까지 물려주고 싶었다.
하지만 하나님의 뜻은 달랐다.
사울의 뜻과 하나님의 뜻이 서로 다르다면
누구의 뜻이 이뤄질까?
결론은 뻔하다.
사울은 그걸 받아들이지 못한 것이다.
그래서 답답했고 두려웠고 불안했던 것이다.

결국 무리수를 두고 만다.
접신과 같은….

하나님이 거절하실 때 그것을 받아들이는 것도 믿음이다.
내가 간절히 원했던 기도가 모두 응답된다면 얼마나 좋을까?
좋은 대학에 가고, 원하는 이성을 만나고, 취업이 잘되고,
사업이 흥하고, 건강이 회복되는 등등….
하지만 그 반대의 경우가 하나님의 뜻일 때도 있다.
망해야 할 때도 있고, 넘어져야 할 때도 있고, 잃어야 할 때도 있다.

나 역시 당연히 전자가 좋지 후자는 좋지 않다.
내 삶에서 후자는 최대한 일어나지 않았으면 하는 바람이다.
하지만 어쩌겠는가? 주권자는 결국 그분인 것을….
후자의 일들을 하나님이 허락하셨다면(상상조차 하기 싫지만)
최대한 빨리 인정하고 수용하는 것도 믿음의 한 부분이다.
절대 자포자기가 아니다.

당신은 어디를 향해 가고 있는가?
내리막길을 걷고 있는가?
그리고 그것이 분명한 하나님의 뜻인가?
그렇다면 받아들이자.
빨리 받아들이고 다음을 예비하자.
가슴 아프겠지만….
정말 가슴 아프겠지만….

하나님의 계절을 잘 받아들이는 것도 믿음입니다.

13 | 네가 반드시 따라잡고 도로 찾으리라
사무엘상 30:8

다윗과 그의 부하들이 거처를 잠시 비운 사이
그 틈을 타고 아말렉인들이 쳐들어왔다.
그들은 마을을 불태우고 약탈하고 모든 여자를 잡아갔다.
다윗이 돌아왔을 때는 이미 그들이 떠난 지 사흘이 지난 후였다.
다윗과 부하들은 망연자실해 목놓아 울었다.

그를 쫓아가라 네가 반드시 따라잡고 도로 찾으리라
사무엘상 30:8

기운을 차린 다윗이 하나님께 기도하자 응답이 왔다.
다윗은 600명을 이끌고 그들을 추격한다.
중간에 지친 200명이 브솔 시내를 건너지 못하고 낙오되고
결국 남은 400명과 함께 다시 추격한다.
추격 중 쓰러져 있던 애굽 소년을 발견하고
음식과 물을 나눠주자 의식을 찾은 소년이
아말렉인들의 거처를 알려주었다.
결정적인 단서였다.

그날 새벽, 거처를 찾은 다윗과 400명은 기습을 강행한다.
다음 날 저녁까지 아말렉인들을 치니 살아남은 자가 거의 없었다.
400명 정도만이 낙타를 타고 도주했다.
완벽한 승리였다.
다윗과 부하들은 가족과 재산을 빠짐없이 되찾았다.

그들이 약탈하였던 것 곧 무리의 자녀들이나 빼앗겼던 것은
크고 작은 것을 막론하고 아무것도 잃은 것이 없이 모두 다윗이 도로 찾아왔고
사무엘상 30:19

그런데 전리품을 분배하는 과정에서 문제가 발생한다.
몇몇 사람들이 낙오된 200명에게는 가족만 돌려주자고 제안한 것이다.
전투에 참여하지 못했기 때문이었다.

그럼에도 불구하고 다윗은 동일하게 전리품을 분배한다.
이 일이 전적인 하나님의 은혜로 가능했던 일임을 알았기 때문이었다.
전투에 참여한 자나 낙오된 자 모두 동등하게 전리품을 얻게 되고,
관대하게 나눈 이날의 분배 방식은 훗날 이스라엘 군대의 전통이 된다.

전장에 내려갔던 자의 분깃이나
소유물 곁에 머물렀던 자의 분깃이 동일할지니 같이 분배할 것이니라
사무엘상 30:24

이 사건에서만 무려 세 가지의 기적이 일어난다.
첫 번째 기적은 떠난 지 사흘이나 지난 적을 추적해 찾아냈다는 것이다.
아무것도 없는 광야 한가운데서.

*여호와께서 아브람에게 이르시되 너는 너의 고향과 친척과
아버지의 집을 떠나 내가 네게 보여줄 땅으로 가라*
창세기 12:1

갈 바를 알지 못해도 나아간다는 것은
믿음의 사람들이 통과했던 일종의 관문이었다.
성경에 등장하는 의인들이 그렇게 길을 나섰다.
다윗도 약속을 믿고 길을 나섰다.

"네가 반드시 따라잡고 도로 찾으리라."

두 번째는 400명만으로 아말렉인들을 물리쳤다는 것이다.
도망친 아말렉인이 400명.
공격한 사람의 수가 400명인데 도망친 사람의 수가 400명.
이 말의 의미는 아말렉인들의 병력이 훨씬 많았다는 뜻이다.
일이천은 족히 넘었을 법하다.
어쩌자고 다윗은 수적 열세에도 불구하고 공격을 감행했던 것일까?
자신과 부하들의 싸움 실력이 출중해서…?

이유는 오직 하나, 하나님이 약속하셨기 때문이었다.
"네가 반드시 따라잡고 도로 찾으리라."

세 번째는 빼앗긴 모든 것을 잃지 않고 되찾았다는 것이다.
임진왜란, 정유재란, 정묘호란, 병자호란 등.
많은 전란을 겪은 조선의 역사 속에는 인질로 잡혀간
수많은 사람의 기록이 있다.
인질로 잡혀가는 사람들의 절반은 가는 길에 다 죽었다고 한다.
인질에 대한 처우나 끌려가는 여정이 고됐기 때문이었다.
그런데 광야의 사흘 길을 끌려간 아내와 자녀들을
한 명도 잃지 않았다 한다.
그야말로 기적이다.
이 또한 하나님이 약속하셨기 때문이었다.

"네가 반드시 따라잡고 도로 찾으리라."

세 가지 기적의 공통점은 하나다.
하나님이 약속하셨고 약속을 이루셨다는 것.

다윗도 이를 잘 알았다.
이 일이 가능했던 것이 자신들의 추격 능력이나 전투 능력,
혹은 인질들의 뛰어난 체력 때문이 아니었음을.
처음부터 하나님이 되찾을 것을 약속하셨고
그 약속을 이루신 것뿐임을.
그렇기에 전리품도 관대하게 나눌 수 있었던 것이다.

내가 이 군대를 추격하면 따라잡겠나이까 하니 여호와께서
그에게 대답하시되 그를 쫓아가라 내가 반드시 따라잡고 도로 찾으리라
사무엘상 30:8

당신도 약속을 받았는가?
나는 받았다.

강 좌우 가에는 각종 먹을 과실나무가 자라서
그 잎이 시들지 아니하며 열매가 끊이지 아니하고
달마다 새 열매를 맺으리니 그 물이 성소를 통하여 나옴이라
그 열매는 먹을 만하고 그 잎사귀는 약재료가 되리라
에스겔 47:12

내가 성령으로 충만하면
내 작품이 사람들을 치유하는 약재료로 쓰일 것이라는
에스겔서 47장 12절 말씀을 약속으로 받았다.
감동적이었다.

하지만 현실은 어떤가?
약속과는 정반대이다.
현실은 사흘 길을 뒤처졌고, 수적으로도 열세이고, 인질 같은 처지이다.
하루에도 열두 번씩 포기하고 싶다.
어쩌면 나는 브솔 시내에서 낙오된 200명 중 한 명이 아니었을까…?

그럼에도 불구하고 믿으련다.
비록 내가 낙오된 처지이고 누군가의 약재료가 되기보다
내가 약이 더 필요한 상황일지라도,
약속하신 분이 결국 그 약속을 이루실 테니….

좋은 상황을 조금 더 좋은 상황으로 바꾸는 것은
사람의 힘으로도 가능한 일이다.
하지만 극적인 반전, 완전한 역전, 어두움에서 빛으로.
상황을 바꾸는 것이 아니라,
뒤집을 수 있는 분은 오직 하나님뿐이시다.
그러기에 오히려 현실은 약속과는 정반대여야만 하리.
그래야 뒤집힌 그날이 왔을 때 여지없이 인정하게 될 테니.

'하나님이 하셨구나…!'라고.

14 그 후에 다윗이 여호와께 여쭈어 아뢰되
사무엘하 2:1

사울이 자기의 칼을 뽑아서 그 위에 엎드러지매 무기를 든 자가
사울이 죽음을 보고 자기도 자기 칼 위에 엎드러져 그와 함께 죽으니라
사울과 그의 세 아들과 무기를 든 자와 그의 모든 사람이 다 그날에 함께 죽었더라
사무엘상 31:4-6

길보아산 전투에서 사울이 죽었다.
다윗을 모함하고 광야로 내몰았던 사악한 왕이.

그동안 다윗만 피해를 입은 것이 아니었다.
일가친척들 모두 집도 절도 없는 신세가 되고 말았다.
망명하기를 수차례.
팔자에 없던 미친 연기도 해보고 야반도주도 여러 번.
발뻗고 잠이나 한번 편히 잘 수 있었을까?
그 고생을 어찌 다 말로 할 수 있으리….

그런데 드디어 사울이 죽은 것이다.
이 모든 상황의 원흉이었던 그가.
다윗도 이제는 도망생활을 청산할 수 있게 되었다.
남들처럼 자리 잡고 안정적으로 살 수 있게 된 것이다.

3막 다윗과 광야

그 후에 다윗이 여호와께 여쭈어 아뢰되 내가 유다 한 성읍으로 올라가리이까?
여호와께서 이르시되 올라가라
사무엘하 2:1

하지만 마땅히 누릴 수 있는 그 권리 앞에서도
다윗은 하나님의 허락을 구한다.
자신을 쫓던 자가 사라지고 자유를 쟁취할 일만 남았는데도
하나님과 상의하는 것을 멈추지 않는다.

'하나님 제가 유다 한 성읍으로 이사 가도 되겠습니까…?'

주어진 어떤 권리도 당연히 여기지 않는 태도.
작은 일 하나를 하더라도 하나님과 의논하는 자세.
광야에서 퇴장할 무렵 그는 그렇게
하나님과 동행하는 사람이 되어 있었다.
왕이 될 준비가 된 것이다….

유다 사람들이 와서 거기서 다윗에게 기름을 부어
유다 족속의 왕으로 삼았더라
사무엘하 2:4

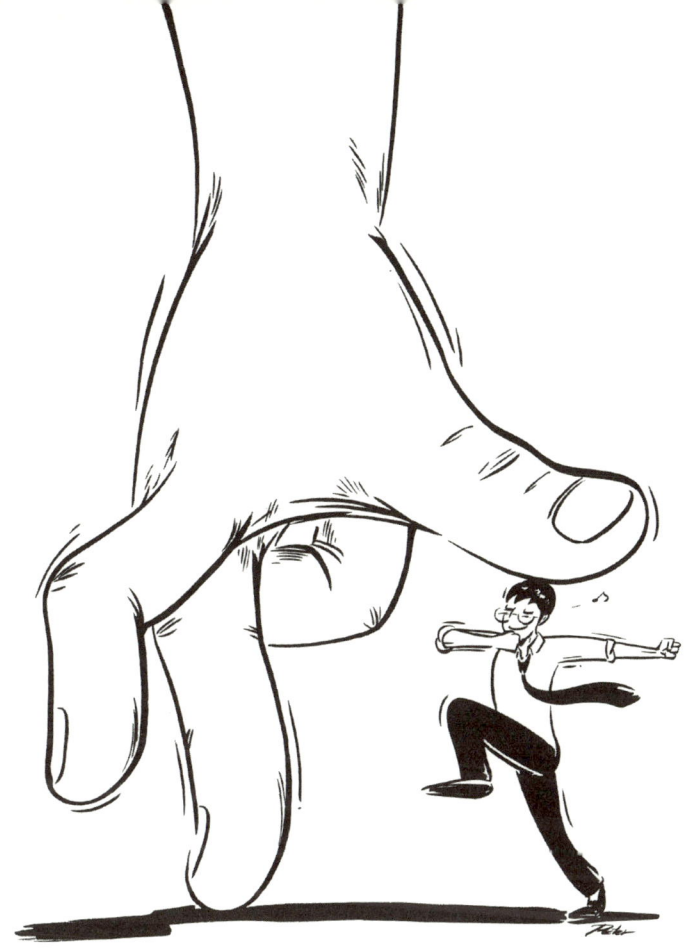

같은 자세, 같은 보폭, 같은 속도.
이를 '동행'이라 합니다.

15 | 왕위에 올라 사십 년 동안 다스렸으되
사무엘하 5:4

다윗은 유다의 왕이 된다.
그리고 7년을 더 기다린다.
7년 뒤 온 이스라엘이 그를 왕으로 추대한다.
광야의 10년과 헤브론에서 7년, 도합 17년 만이었다.

다윗이 나이가 삼십 세에 왕위에 올라 사십 년 동안 다스렸으되
헤브론에서 칠 년 육 개월 동안 유다를 다스렸고
예루살렘에서 삼십삼 년 동안 온 이스라엘과 유다를 다스렸더라
사무엘하 5:4,5

목표를 이루기 위해 십수 년을 기다릴 수 있을까?
꿈을 이루기 위해 오랜 시간 기다리며 인내한 사람들이 있다.
최소 10년 이상.
우리는 그런 사람들의 성공담을 들으며 희망을 갖는다.
인내의 중요성을 배운다.

하지만 그들의 깊은 내막까지 들어보면 사정은 좀 다르다.
그들 중 대다수가 정말로 꿈이 성취될지 몰랐다고 말한다.

한 목표만 바라보고 목매어 있으면
오히려 그 시간을 견딜 수 없을 것 같아서,
목표를 의식하지 않고 그저 하루하루 살다보니
어느새 꿈에 도달했다는 것이다.
그들의 표현을 정확히 재해석하자면,
꿈을 꾸긴 했지만 '꿈을 기다리진 않은 것'이었다.

다윗도 그랬다.
왕이 될 것을 알았지만 그 자리를 목매어 기다리진 않았다.
광야의 10년과 헤브론에서의 7년은 그가 왕이 될 것을
이미 알고 있는 후대의 기록가가 정리한 시간일 뿐,
정작 그 타임라인에 있는 다윗은
자신이 언제 왕이 될지 전혀 알지 못했다.
한 치 앞도 예측할 수 없었다.
그저 양 떼를(사람들) 돌보며 하루하루 살았을 뿐이다.
오매불망 왕좌만 바라보며 목매어 있었더라면
17년이라는 긴 시간을 결코 견뎌낼 수 없었을 것이다.

그랬기에 꿈을 이루는 과정도 조금 남달랐다.
일체의 무리수를 두지 않고 순리대로 밟아나갔다.
마치 왕이 되지 못해도 상관없다는 듯.
이런 식의 과정은 세상의 관점에서 볼 땐 일종의 모순이었다….

당신도 꿈을 꾸고 있는가?
그 꿈을 어떻게 이뤄가는 중인가?
내 꿈을 이루기 위해 너무 큰 무리수를 두진 않았는지….
주변을 돌아보면 좋겠다.
특히 사람들을.

하나님은 어떤 '사회적 지위'를 꿈으로 주시지 않는다.
사람을 꿈으로 주신다.
그리고 그 사람을 가장 효율적으로 돌보게 하기 위해
'사회적 지위'나 '직분'을 주신다.
다윗의 본질적 부르심도 왕이라는 '지위'가 아닌
이스라엘인이라는 '국민'이었다.
왕이라는 지위는 그 국민을 돌보기 위한 가장 효율적인 자리였다.
그래서 그를 왕으로 부르신 것이다.
단지 높이기 위해서가 아니라….

그는 이 역할의 의미를 제대로 이해하고 있는
인류 역사의 몇 안 되는 왕 중 한 명이었다.
그래서 세상의 왕들이 왕좌를 놓고 혈투를 벌이고 있을 때,
그들과는 정반대의 길을 걸을 수 있었던 것이다.

4막

다윗과 압살롬

David & Absalom

01 | 그 후에 이 일이 있으니라
사무엘하 13:1

그 후에 이 일이 있으니라
사무엘하 13:1

'그 후'는 어떤 사건이 일어난 뒤를 뜻하고
'이 일'은 그 사건 뒤에 벌어진 또 다른 사건을 말한다.
그전에 어떤 사건이 하나 있었는데
앞으로 벌어질 이 사건과 연관되어 있다는 것이다.
그렇다면 이전에 일어난 사건은 무엇일까?
다윗이 우리아의 아내인 밧세바를 범하고 우리아를 죽게 만든 사건.
그 유명한 '다윗과 밧세바 사건'을 말하는 것이다.

그렇다면 앞으로 벌어질 사건은 또 무엇일까?
다윗의 장남 암논이 이복누이 다말을 겁탈한 사건.
'암논과 다말 사건'을 말하는 것이다.

다윗의 가정에서 막장 드라마가 연속으로 방영되고 있었다….

암논이 그 말을 듣지 아니하고 다말보다 힘이 세므로 억지로 그와 동침하니라
사무엘하 13:14

다윗은 크게 화를 내긴 했지만 별다른 조치를 취하지 않았다.
장남인 암논에게 징계를 내리고 다말을 위로했어야 했는데
수동적인 자세를 취했다.
그저 침묵으로 일관한 것이다.
정의로운 다윗이, 하나님의 마음에 맞는 지도자가 왜 그랬을까…?

'거룩은 삶으로 가르쳐야 한다!'

대학생 선교단체 간사 시절 선배들에게 제일 많이 듣던 말이다.
간사가 먼저 거룩해야 학생들에게 거룩을 가르칠 수 있다고.
처음에는 그 말을 완전히 이해하지 못했지만
경험이 쌓이며 천천히 이해하게 됐다.

정말 그랬다.
내가 거룩하지 못할 때에는 학생들에게
"죄짓지 말자"고 적극적으로 말할 수 없었다.
하지만 내가 거룩할 때에는 학생들에게
"죄짓지 말자"고 당당히, 적극적으로 말할 수 있었다.
거룩을 가르치려면 내가 먼저 거룩하게 살아야 했다.
'영적 권위'란 그런 것이었다.

다윗이 왜 암논의 범죄에 적극적으로 나서지 못했을까?
위의 경우를 미루어 짐작해봤을 때,
다윗은 암논의 죄를 징계할 권위를 잃은 것이다.
가장으로서의 '영적 권위'를….

02 | 압살롬이 결심한 것이니이다
사무엘하 13:32

암논에게 겁탈 당한 다말의 오빠 압살롬은
암논을 직접 징계하기로 결정한다.
아버지가 이루지 못한 정의 실현을 자신의 손으로 이루기로.

그러하온즉 내 주 왕이여
왕자들이 다 죽은 줄로 생각하여 상심하지 마옵소서
오직 암논만 죽었으리이다
사무엘하 13:33

압살롬은 치밀하게 2년을 준비한 뒤,
큰 잔치를 열어 왕자들을 초대한 후 그 자리에서 암논을 살해한다.
이 살인으로 인해 아버지 다윗과의 관계도 크게 틀어지고
외가인 그술로 도망치는 신세가 된다.

죄가 죄를 낳고 죄가 또 죄를 낳으며
다윗의 가정이 도미노처럼 넘어가기 시작한다.

그가 압살롬의 누이 다말을 욕되게 한 날부터
압살롬이 결심한 것이니이다
사무엘하 13:32

많은 청년을 만나고 그들을 양육했었다.
청년들 모두가 각양각색인 것처럼 그들의 상처 또한 다양했는데,
그중에서도 가장 깊은 흔적을 남긴 가정사의 아픔을 꼽아보라면
단연코 '아버지의 외도'가 그중 하나였다고 말할 수 있다.

물론 아버지의 물질적 무능함도 가족을 힘들게 했다.
아버지의 건강 악화도 가족을 힘들게 했고
아버지의 혈기와 분노도 가족을 힘들게 했다.
각각의 아픔을 상대적으로 비교할 순 없었다.
하지만 '아버지의 외도'는 완전히 다른 차원의 문제였다.
그것은 가족을 힘들게 하는 것이 아니라 가족을 깨뜨려버렸다….
자녀들의 결혼관, 가정관에 영향을 주었고
장성한 후에도 자녀들의 의식 속에 지속적으로 흔적을 남겼다.
실로 강력한 도미노였다.

그래서 나는 진심으로 기도한다.
도미노의 첫 블럭인 모든 가장이(나를 포함하여) 바르게 서 있을 수 있기를.
거룩하게 가정을 지킬 수 있기를.

지금 이 순간 이 글을 읽는 당신도 잠시 함께 기도해주면 좋겠다.

03 | 이스라엘 사람의 마음을 훔치니라
사무엘하 15:6

외가인 그술로 도망친 압살롬은
거기서 3년을 지낸 뒤 다시 다윗의 부름을 받는다.
3년 만에 다시 만난 아버지.
압살롬은 긴 시간 뒤 다윗을 다시 대면하긴 하지만
다윗과의 관계가 이전과는 많이 달라져 있음을 느끼게 된다.

왕이 압살롬을 부르니 그가 왕께 나아가 그 앞에서 얼굴을 땅에 대어
그에게 절하매 왕이 압살롬과 입을 맞추니라
사무엘하 14:33

금이 가 있었다, 아버지를 향한 신뢰에.
그리고 그 틈 사이로 뭔가가 움트기 시작한다.
반역의 싹이었다….

압살롬은 그 싹을 자르지 않고 오히려 키운다.
먼저는 마차와 기병을 앞세워 사람들 눈에 왕처럼 보이도록
의도적으로 이미지를 연출했고,
성문에서 사람들의 하소연을 들어주며 거짓으로 위로했다.
때로는 사람들 손에 입 맞추며 겸손함까지 보였으니,

은밀하게 사람들의 마음을 훔친 것이다.
무려 4년 동안.

압살롬은 자신의 야망을 위해 착실하게 준비하고
성실하게 이행할 줄 아는 주도면밀한 인물이었다.

이스라엘 무리 중에 왕께 재판을 청하러 오는 자들마다
압살롬의 행함이 이와 같아서
이스라엘 사람의 마음을 압살롬이 훔치니라
사무엘하 15:6

부팀장으로 팀 사역을 보조한 적이 있다.
당시 우리 팀의 팀장님은 팀원들과는 나이 차이가 제법 나는
50대 후반의 어른이었는데,
당시 팀원들 안에서 팀장님에 대한 불만이 많았다.
부팀장인 나 역시 불만이 많이 쌓인 상태였는데,
팀원들과 모이게 되면 종종 함께 이 불만을 토로하곤 했다.

그러자 팀원들 안에서 이런 말이 조금씩 나오기 시작했다.

"차라리 부팀장님이 그냥 팀장님이었으면 좋겠어요…."

그 소리가 너무 듣기 좋았다.
나는 은연중에 팀원들을 위로하며
그런 분위기를 더 주도하기 시작했다.
그렇게 몇 달이 흐르자
팀장님과 팀원들 간의 간격은 헤아릴 수조차 없을 만큼
벌어지게 되었고 마음은 모래알처럼 흩어지게 되었다.

어느 날 하나님이 내게 조용히 말씀하셨다.

'그 팀을 떠나라….'

나는 조용히 팀을 떠났다.
떠나야 하는 이유를 말하지도 못한 채.

처음에는 억울했다.
그게 뭐 그리 큰 잘못이냐고….
심각한 범죄를 저지른 것도 아닌데
굳이 나를 팀에서 제외까지 시키셔야 했는지….
하나님께 많이 서운했다.

하지만 그것이 '도둑질'이란 것을 결국 알게 되었다.
그리고 그 도둑질이 하나님 앞에서는 범죄였다는 것도.
압살롬처럼 싹을 키우기 전에 하나님께서 먼저 잘라내신 것이다.

04 압살롬이 왕이 되었다

사무엘하 15:10

압살롬이 스스로 왕임을 선포했다.
자신의 세력을 모아 헤브론으로 간 후 반역을 일으킨 것이다.

나팔 소리를 듣거든 곧 말하기를
압살롬이 헤브론에서 왕이 되었다 하라
사무엘하 15:10

이번엔 그 '팀장님'이란 분에 대해 나눠보고자 한다.
팀장님은 앞서 말한 대로 나와는 나이 차이가 나는 어른이었다.
그리고 뒤에서 했던 나의 행동들을 전혀 알지 못한 채
나를 많이 아껴주셨다.
다만 아끼는 마음을 표현하는 방법이 좀 독특했는데,
그것은 '너무 많은' too much 조언을 해주시는 것이었다.

너무 많은 조언을 듣다보니
어느 순간부터 '잔소리'로 들리기 시작했다.

4막 다윗과 압살롬

간섭하고 참견한다고 느껴진 것이다.
나의 불평 불만은 그 지점부터 시작됐던 것 같다.
하지만 그 분은 악의가 없으셨다.
오랜 사역 경험으로 나 같은 부류의 사람들을 잘 이해하고 계셨고
그랬기에 애정 어린 조언을 해주신 것뿐이다.

반면 그 분의 의도를 파악하기엔 나는 너무 혈기 왕성했다.
그런 조언들이 그냥 듣기 싫었다.
애정 어린 조언을 또 듣던 어느 날 밤,
속으로 혼잣말을 했던 장면이 생각난다.

'더럽고 치사해서 원···. 내가 여기 아니면 갈 데가 없을까봐?
두고봐라! 나도 나.만.의.왕.국.을 세우리라!'

순간 정신이 번뜩 들었다.
'나만의 왕국? 뭐지? 내가 왜 이런 말을 하고 있지?'
나 스스로도 놀라고 말았다.
왕국을 세우겠다니···.
내 안의 압살롬은 그저 존재만 하고 있던 게 아니라
부지런히 활동도 하고 있었다.

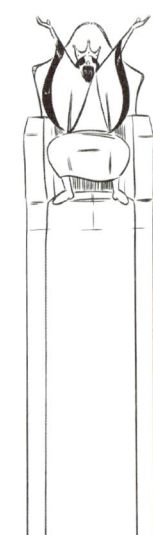

조금만 경계를 늦춰도
기다렸다는 듯 튀어나오는
'압살롬'이라는 자아.

05 시므이는 산비탈로 따라가면서 저주하고
사무엘하 16:13

다윗은 식솔들을 이끌고 압살롬의 반역을 피해 피난길에 올랐다.
바후림이란 지역을 지나가던 중 사울의 친족 중 하나인 시므이란 자가
다윗의 피난 행렬을 향해 큰소리로 저주했다.

피를 흘린 자여! 사악한 자여! 가거라! 가거라!
사울의 족속의 모든 피를 여호와께서 네게로 돌리셨도다!
그를 이어서 네가 왕이 되었으나
여호와께서 나라를 네 아들 압살롬의 손에 넘기셨도다!
보라 너는 피를 흘린 자이므로 화를 자초하였느니라!
사무엘하 16:7,8

마치 다윗의 몰락을 기다렸다는 듯
행렬을 따라가며 조롱하고 돌을 던졌다.
그러자 옆에서 지켜보던 아비새가 다윗에게 말했다.
왜 참고 있냐고. 명령만 내려 달라고.
가서 단번에 목을 베어버릴 테니.

하지만 다윗은 그 비난을 겸허히 받아들이며 말한다.
하나님이 '시므이를 통해 뭔가 말씀하시는 것'이라며….

그러고는 묵묵히 피난길을 간다.

스루아의 아들들아 내가 너희와 무슨 상관이 있느냐
그가 저주하는 것은 여호와께서 그에게 다윗을 저주하라 하심이니
네가 어찌 그리하였느냐 할 자가 누구겠느냐
사무엘하 16:10

누군가 나를 비난할 때 침묵으로 일관하는 것이 다는 아니다.
침묵으로 일관해야 될 때도 있고 적극적으로 변호해야 할 때도 있다.
하지만 이 장면에서 주목하고 싶은 부분은 따로 있다.
비난을 겸허히 받아들이는 다윗의 남다른 태도.
바로 그 태도에 주목하고 싶다.

여호와께서 그에게 명령하신 것이니 그가 저주하게 버려두라
사무엘하 16:11

작은 비난에도 매우 예민해질 때가 있다.
마치 비난 센서가 달려 있는 듯 반사적으로 반응이 나온다.
두 인물의 목소리가 동시에 들린다.

'왜 참고 있냐! 그냥 가서 단칼에 베어버리자!'
'아니다. 하나님이 저 비난을 통해
나를 돌아보라는 메시지를 주고 계시다.'

비난 앞에선 두 소리 모두 팽팽하다.
물론 다윗의 소리를 경청하고 싶지만 그러기엔 내 목이 너무 곧다.
작은 비난조차도 하나님의 메시지로 받아들이려면
도대체 얼마나 겸손해야 할까…?

다윗의 영성은 바로 이런 부분에서 빛이 난다.
골리앗을 쓰러뜨리거나 영토를 탈환하는 화려한 순간보다도,
자신을 손가락질하는 사람 앞에서 겸허히 낮춘 이런 순간에….

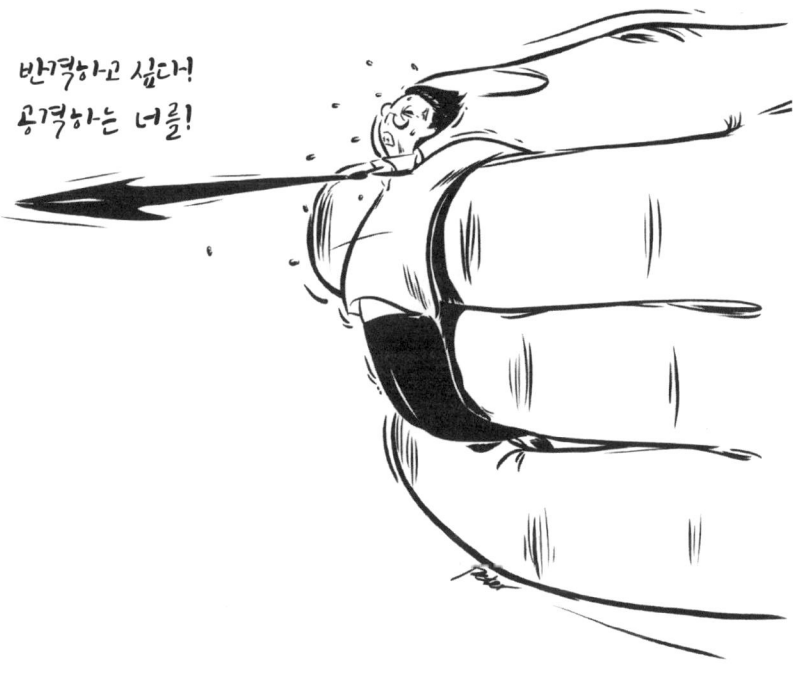

06 압살롬에게 화를 내리려 하사

사무엘하 17:14

압살롬은 반역을 성공시키기 위해 아히도벨에게 조언을 구한다.
그러자 아히도벨은 일만 이천의 군사를 데리고
당장 다윗을 추격하여 공격하자고 제안한다.
거기서 깔끔하게 다윗만 제거하면 이 반역은 성공하고
군대는 완전히 압살롬 편으로 돌아설 것이란 판단에서다.

압살롬은 또한 후새에게도 조언을 구한다.
후새는 다윗과 그 휘하 장수들은 백전노장이니 섣불리 추격 말고
군대를 모아 한 번에 쓸어버리자고 제안한다.

두 책략가가 모두 중요하게 여긴 핵심은 바로 '시간'이었다.
아히도벨은 다윗에게 시간을 벌어주지 않는 책략을 냈고
후새는 다윗에게 시간을 벌어주는 책략을 냈다.
(후새는 다윗이 훗날을 도모하기 위해 압살롬에게 심어놓은 사람이었다.)

정황상 아히도벨의 생각이 맞았다.
그의 제안대로 다윗을 추격하여 급습했더라면
지쳐 있는 다윗의 군대는 일망타진되었을 것이다.

하지만 이상하게도 압살롬을 포함,
모든 사람이 후새의 책략이 더 좋다고 말한다.
그러고는 가장 중요한 그 '시간'을 다윗에게 벌어주게 된다.
결국 이 결정으로 인해 다윗의 군대는 재정비할 시간을 확보하게 되고,
성공을 눈앞에 둔 압살롬의 반역은 실패로 끝이 난다.

이는 여호와께서 압살롬에게 화를 내리려 하사
아히도벨의 좋은 계략을 물리치라고 명령하셨음이더라
사무엘하 17:14

그런데 본문을 자세히 살펴보니 실패한 원인은 따로 있었다.
누구의 책략이 더 뛰어났느냐,
어떤 책략이 간택됐느냐가 문제가 아니라
하나님께서 압살롬의 반란을 저지하기로 결정하셨다는 것.

그것이 진짜 실패의 원인이었다.

07 아히도벨이 스스로 목매어 죽으매
사무엘하 17:23

아히도벨은 자신의 책략이 간택되지 않자
이 반란이 실패로 돌아갈 것임을 단번에 알아차린다.
그러고는 조용히 고향으로 돌아가 자살한다.

아히도벨이 자기 계략이 시행되지 못함을 보고
나귀에 안장을 지우고 일어나 고향으로 돌아가
자기 집에 이르러 집을 정리하고 스스로 목매어 죽으매
사무엘하 17:23

아히도벨은 당대 최고의 책략가였다.
그는 한 번에 열 수 정도를 내다볼 수 있는 천재였다.
다윗과 압살롬도 그의 조언을
'하나님의 말씀으로 여길 정도'였다고 한다.

그런데 왜 하필 그런 뛰어난 사람이 압살롬의 편에 가담했던 것일까?
개인의 야망 때문에? 아니면 압살롬이 더 전도유망해서?

다윗이 사람을 보내 그 여인을 알아보게 하였더니 그가 아뢰되
그는 엘리암의 딸이요 헷 사람 우리아의 아내 밧세바가 아니니이까
사무엘하 11:3

마아가 사람의 손자 아하스배의 아들 엘리벨렛과
길로 사람 아히도벨의 아들 엘리암과
사무엘하 23:34

아히도벨의 아들이 엘리암이라고 나오고
밧세바의 아버지 또한 엘리암이라고 나온다.
그렇다면 아히도벨은 밧세바의 할아버지였던 것이다.

손녀 밧세바를 욕보이고 손녀사위인 우리아를 죽인 다윗.
아히도벨은 아마도 이 사건을 잊지 않고
마음속으로 복수를 다짐해오던 것은 아니었을까?
조용히 때를 기다리며….

이제 네가 나를 업신여기고
헷 사람 우리아의 아내를 빼앗아 네 아내로 삼았은즉
칼이 네 집에서 영원토록 떠나지 아니하리라
사무엘하 12:10

한 가장의 죄가 그 가정만의 비극으로 끝나지 않고
내전으로까지 이어지며 긴 흔적을 남기고 있다.

이 죄는 단순한 죄가 아니라 '지도자가 지은 죄'이기 때문이다.
지도자의 죄는 평범한 소시민의 죄보다도
그 책임이 더 무겁게 요구될 것이다.
더 높은 기준이 요구되는 자리이기 때문이다.

혹시 당신도 지도자가 되고 싶은가?
그렇다면 그에 맞는 책임도 질 준비가 돼 있어야 한다.
같은 죄를 져도 소시민에게는 벌금형이 선고될 때,
지도자가 된 당신에게는 종신형이 선고될 수도 있다.

왕관은
쓰고 다니는 것이 아니라
지고 다니는 것.

08 | 머리가 상수리나무에 걸리매

사무엘하 18:9

요단강 너머로 피신한 다윗은
다시 군대를 재정비한 후 압살롬과 최후의 일전을 벌인다.
아버지와 아들 간의 혈투.
이날 큰 전투가 일어나고 전투에 패배한 압살롬은 도망치게 된다.

도망치던 압살롬의 말이 상수리나무 아래를 달릴 때에
압살롬의 머리가 나무에 엉키고 말았다.
그러자 압살롬이 말 위에서 들려 나와 나무에 매달리게 된다.

노새가 큰 상수리나무 번성한 가지 아래로 지날 때에
압살롬의 머리가 그 상수리나무에 걸리매
그가 공중과 그 땅 사이에 달리고
그가 탔던 노새는 그 아래로 빠져나간지라

사무엘하 18:9

압살롬은 온 나라 안에서 외모가 가장 뛰어난 남자였다.
발바닥부터 정수리까지 흠이 없었다고 기록될 만큼,
그는 나라를 대표하는 세기적인 미남이었다.

외모의 모든 부분에 흠이 없었지만
그중에서도 완벽한 부분을 꼽으라면 단연코 그의 머리카락,
숱 많고 풍성한 머리카락이 화룡점정이었다.

그의 머리털이 무거우므로 연말마다 깎았으며
그의 머리털을 깎을 때에 그것을 달아본즉
그의 머리털이 왕의 저울로 이백 세겔이었더라
사무엘하 14:26

머리를 자르고 나면 머리카락 무게만 2킬로그램.
숱 많고 짙은 발모 상태를 남성미의 기준으로 삼았던
고대 중동에선 그야말로 완벽한 외모를 갖춘 셈이었다.

하지만 완벽함의 상징이 되어준 그 머리카락이,
아이러니하게도 도망치는 압살롬의 발목을 잡는다.
질기고 숱 많은 머리카락이 나무에 엉켰기에
도주 중인 압살롬을 말 위에서 들어올릴 수 있었던 것이다.
평범한 사람의 머리카락으로는 어림도 없는,
오직 그의 '완벽한 머리카락'이었기에 가능한 일이었다….

그러고 보면 강점과 약점은 정확히 분리되어 있지 않다.
강점이 약점이 되기도 하고 약점이 강점이 되기도 한다.
마치 동전의 양면처럼.

자랑으로 여기는 부분이 있는가?
그로 인해 넘어질 수도 있다.
수치스럽게 여기는 부분이 있는가?
그로 인해 일어설 날도 있을 것이다.

강점을 의지할 필요도, 약점을 터부시할 필요도 없다.
모두 하나님이 주신 내 모습이다.

09 | 차라리 내가 대신하여 죽었더면

사무엘하 18:33

상수리나무에 걸린 압살롬을 발견한 요압은
자신의 칼로 압살롬의 심장을 찔렀다.
이어 주변에 있던 군사들이 다 같이 찌름으로써
압살롬은 죽고 그의 반역은 끝이 난다.
이 소식을 들은 다윗은 애곡했다.

내 아들 압살롬아! 내 아들 내 아들 압살롬아!
차라리 내가 너를 대신하여 죽었더면,
압살롬 내 아들아! 내 아들아!

사무엘하 18:33

잘못했으면 그 대가를 치러야 한다.
당연히 매를 맞아야지.

하지만 죽는 건 다른 문제다.
몰매를 맞더라도 숨이 붙어 있길 원하지
죽는 것은 아비가 원하는 바가 아니다.
죽어야 한다면 차라리 아비가 대신 죽는 게 낫다.
권력에 눈이 멀어 아비에게 칼을 들이댄
그런 아들일지라도….

아비의 마음이란 그런 걸까?
그래서 예수님을 이 땅에 보내신 걸까…?

압살롬아! 내 아들 압살롬아!
차라리 내가 죽었으면 좋았을 것을…

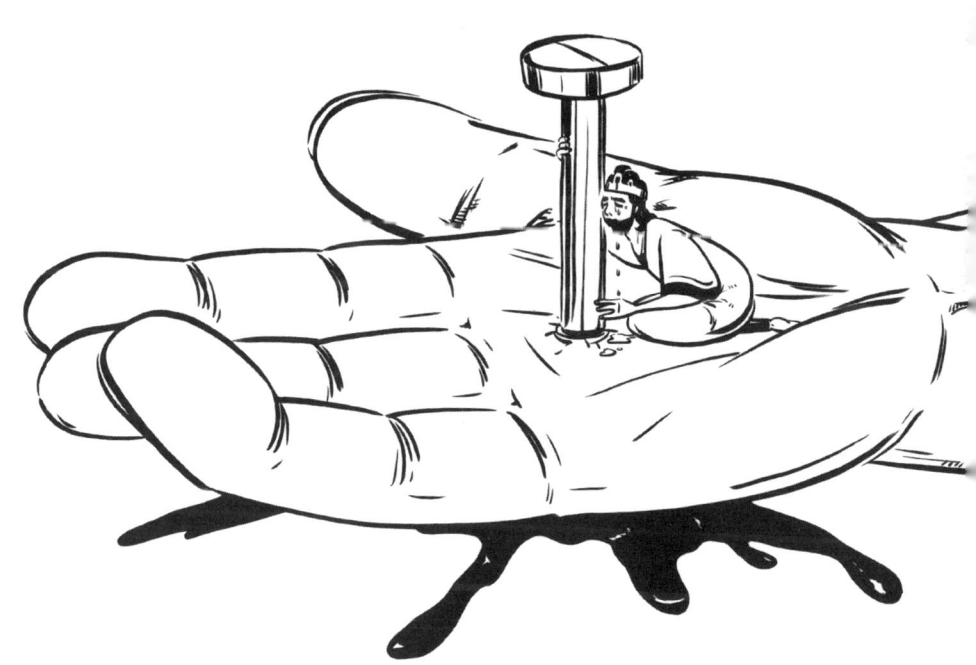

5막

다윗과 죽음

David & Death

01 잠자리는 같이하지 아니하였더라

열왕기상 1:4

다윗이 나이 들어 임종이 가까워졌다.
이불을 덮어도 따뜻하게 느껴지지 않을 만큼 체온이 떨어져갔다.
왕을 걱정하던 신하들은 젊고 아리따운 여인 '아비삭'을
다윗의 침실에 들여보내 시중들게 했다.

이 처녀는 심히 아름다워 그가 왕을 받들어 시중들었으나
왕이 잠자리는 같이하지 아니하였더라

열왕기상 1:4

하지만 다윗은 아비삭과 잠자리를 같이하진 않았다고 한다.
나이 들어 성욕이 감퇴했기 때문이었을까?
혹 그렇다 치더라도 임종 직전의 노인이 여인과 동침하지 않은 것이
뭐 그리 큰일이라고 성경에 기록까지 해놓았을까?

하나님이여 주의 인자를 따라 내게 은혜를 베푸시며
주의 많은 긍휼을 따라 내 죄악을 지워주소서

다윗이 밧세바를 범하고 우리아를 죽인 죄를 회개한 시.

시편 51:1

마지막에는 누구나 자신을 돌아본다.
다윗도 마지막 때가 다가오자 자신을 돌아봤다.
그렇게 삶 전체를 돌아보며 가장 큰 실수 하나를 떠올렸을 것이다.

밧세바 사건….
너무 비싼 대가를 치른 치명적 실수였다.

다윗은 임종을 앞두고
지난날의 잘못을 이렇게 속죄하고자 한 것 같다.
밧세바와의 동침을 아비삭과 동침하지 않음으로써.

나는 '권위자와의 관계'에 늘 문제가 있었다.
역기능적인 가정환경과 나 자신의 교만함 때문에.
이 문제로 내 인생이 앞으로 나아가지 못하고 있다는 느낌을 받았다.
더 이상 이런 식으로 살아서는 안 된다고 생각했다….

새로 부임한 사역지에서 결단을 내렸다.
권위에 대한 반항심을 권위에 대한 순종심으로.
리더가 내 생각과 다른 결정을 내려도 순종했고
이해할 수 없는 결정을 내려도 순종했다.
전적으로 믿고 따라갔다.
그렇게 몇 년을 몸부림쳤다.
물론 이 모든 것은 사람에게 잘 보이기 위함이 아니었다.
하나님께 잘 보이기 위함이었다.
사람은 그저 매개체였을 뿐이다….

그렇게 시간이 흘러 그곳을 떠날 때가 되었을 때,
내 모든 상황을 알고 있던 리더 선교사님께서
그동안 수고했다는 의미로 격려금이 들어 있는
봉투 하나를 건네주셨다.
그리고 그 봉투에는 이런 문구가 적혀 있었다.
'축 제대.'

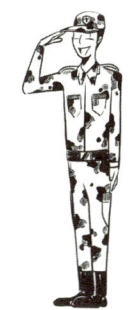

'찌르는 칼'에서 '섬기는 칼'로.
과거란 버리는 것이 아니라 바꾸는 것.

02 | 한 번도 그를 섭섭하게 한 일이 없었더라
열왕기상 1:6

다윗의 또 다른 아들 아도니야가 '자신이 왕'임을 선포했다.
아도니야는 압살롬 다음 서열의 왕자였다.
형 압살롬을 통해 본 게 있었는지,
그 역시 전차와 기병 그리고 호위병 오십을 준비했다.

> 학깃의 아들 아도니야가 스스로 높여서 이르기를
> 내가 왕이 되리라 하고 자기를 위하여
> 병거와 기병과 호위병 오십 명을 준비하니
> 열왕기상 1:5

그는 압살롬만큼이나 출중한 외모를 가지고 있었다.
게다가 성경에는 그의 캐릭터를 암시해주는
의미심장한 구절이 하나 기록되어 있다.

> 그의 아버지가 네가 어찌하여 그리하였느냐고 하는 말로
> 한 번도 그를 섭섭하게 한 일이 없었더라
> 열왕기상 1:6

나는 아버지가 조금 일찍 돌아가신 편이다.
스무살 즈음 돌아가셨는데 기억이 많이 남아 있지 않다.

아버지는 성품이 좋은 편이셨다.
많은 사람과 잘 지내셨고 누나들에게도 좋은 아버지로 남아 있다.
유독 아들인 나에게만큼은 지나치게 방관적이셨는데,
그 시절 아버지들이 그랬듯 어찌 교육해야 할지 잘 몰라 하셨던 것 같다.

초등학생 시절 학교에서 시험 성적이 나오는 날이면
반 친구들은 아버지께 혼날까봐 미리 겁을 내곤 했었는데
나는 그런 겁을 내본 적이 없다.
그 흔한 꾸지람도 한 번 들어보지 못했기 때문이다.
이 부분은 반 친구들과는 다른 조금 독특한 부분이었다.

당시 나에 대한 교육은 어머니가 전적으로 맡으셨는데,
불행히도 나는 딸 많은 집의 외동아들이었다.
그렇다면 더 이상 설명하지 않아도 알 것이다.
딸 많은 집의 외동아들과 그 어머니와의 관계….

나는 세상이 내 중심으로 돌아간다고 생각했다.
아마도 내가 '왕'이라고 착각했던 것 같다.
심지어 외모조차 준수하지 않으면서.

그는 압살롬 다음에 태어난 자요 용모가 심히 준수한 자라
열왕기상 1:6

그래서였을까?
선배나 어른 등 윗사람들의
조언을 듣는 것이 익숙지 않았다.
권위자가 조언을 하면 예민해지고 화가 났다.
애정 어린 충고조차 용납이 안 됐다….

남성 권위자의 권고가 익숙지 않다는 것.
그것이 격려든 꾸지람이든 뭐든 간에,
권위자의 관리하에 일하는 법을
배워보지 못했다는 점은
늘 내 발목을 잡는 아킬레스건이었다.

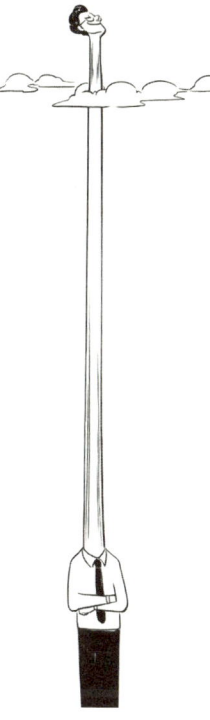

여러 번 넘어지다 보니 결국 알 수 있게 됐다.
세상은 내 중심으로 돌아가는 것이 아니며
올바른 권위 아래 있어야 건강하게 일할 수 있음을….
늦게나마 철이 든 것이다.

아버지의 제대로 된 훈육이 있었다면 어땠을까?
내 안의 왕자가 조금은 일찍 철들지 않았을까?
과도한 매질로 상처 주는 아버지도 옳지 않지만
방관으로 매질 한 번 안 한 아버지도 옳지 않다.
물론 이 모든 상황 속에서 바르게 처신하지 못한
나 자신이 가장 옳지 않고….

아버지가 이랬기에 어머니가 대신 혼내셨습니다.
어머니는 버릇없는 아이로 키우지 않으려고 무진장 매질하셨죠.
어머니마저 혼내지 않으셨다면 저는 어떤 인간으로 자랐을까요?
생각만 해도 끔찍합니다.
아버지 대신 근실히 혼내주신 어머님께 진심으로 감사드립니다.

매를 아끼는 자는 그의 자식을 미워함이라
자식을 사랑하는 자는 근실히 징계하느니라
잠언 13:24

03 | 요압과 모의하니
열왕기상 1:7

아도니야의 반란에 요압이 가세한다.
압살롬의 반란에도 흔들리지 않던 그가
말년에는 결국 다윗과는 다른 노선을 선택하게 된다.

아도니야가 스루야의 아들 요압과
제사장 아비아달과 모의하니 그들이 따르고 도우나
열왕기상 1:7

요압은 뛰어난 인물이었다.
다윗의 광야 시절부터 함께했고 크고 작은 전투에도 함께했다.
뿐만 아니라 다윗이 죄를 저질렀을 때에도
그 뒷수습을 도맡아 해주었다.
우리아를 죽이라는 명령을 받고 그를 사지로 내몰았으며
인구조사 때에는 명을 받아 온 나라의 인구수를 계수했다.
그는 맡은 임무를 끝까지 완수하는 탁월한 인물이었다.

하지만 이상하게도 다윗과는 마음이 하나 되지 않았다.
다윗이 국가의 대통합을 시도할 때마다
사적인 살인으로 찬물을 끼얹었고(아브넬, 아마사의 죽음)

압살롬을 죽이지 말아 달라고 간청했을 때에도
단독으로 압살롬을 처단했다.
뛰어났고 탁월했고 완벽에 가깝게 일을 해냈지만,
그 일을 시키는 다윗의 마음을 깊이 이해하고
헤아리진 못하는 그런 사람이었다.
한마디로 그냥 일만 잘하는 사람이었다….

시킨 일을 잘 해내는 것과
시키는 사람의 마음을 이해하고 일하는 것.
이것은 마치 파라솔 지붕과 돔구장 지붕 정도의 차이를 의미한다.

다윗에게 '하나님의 마음에 맞는 사람'이라는 타이틀이 붙는 것도
그가 일을 완벽하게 해냈기 때문이 아니라,
그 일을 시키신 하나님의 마음을 잘 헤아렸기 때문이었다.

나는 어떤 사람일까?
하나님의 '마음을 헤아릴 줄 아는 사람'일까?
아니면 그냥 '하나님이 시키시는 일을 하는 사람'일까?
설마 둘 다 못 하는 사람일까?
설마….

그 마음,
충분히 이해했습니다.
이제 가볼게요!

충분히 이해한 것 같지 않은데···.

04 나단은 아도니야와 같이하지 아니하였더라
열왕기상 1:8

이와는 반대로 아도니야의 반역에 가담하지 않은 사람들이 있다.
제사장 사독과 여호야다의 아들 브나야.
그리고 선지자 나단과 시므이와 레이 및 다윗의 용사들.
그중에서도 눈에 띄는 사람이 한 명 있는데,
그가 바로 '선지자 나단'이다.

나단은 어떤 사람인가?
다윗이 밧세바 사건으로 죄지었을 때에
단호하게 그 죄를 지적했고,
성전을 지으려 할 때에는 어김없이 금지시켰다.
후계자를 정할 때도 노년의 흐려진 판단력을 우려하며
솔로몬을 왕으로 추대했으니….
다윗이 하나님의 뜻에서 벗어날 때마다
부지런히 책망하며 직언하던 사람이다.
한마디로 다윗 입장에서는
'듣기 불편한 말만 하는 사람'이었다.

하지만 그는 마지막까지 다윗 편에 서 있었다.
압살롬의 반역 때도 함께 피난을 떠났고
아도니야의 반란에도 가담하지 않았다.
변함없이 다윗 왕조를 보좌하던 진정한 충신이었다.

제사장 사독과 여호야다의 아들 브나야와 선지자 나단과
시므이와 레이와 다윗의 용사들은 아도니야와 같이하지 아니하였더라
열왕기상 1:8

내가 아는 한 집사님도 꼭 이와 같은 분이다.
이분에게 기도 부탁을 하면 진짜로 기도해보신 후,
거침없이 그 응답을 나눠주신다.
그 응답이 내가 바라던 내용이든 아니든 상관없다.
받은 그대로 나눠주신다.

처음에는 이분의 이런 점이 좀 불편했다.
너무 직설적으로 기도 응답을 나눠주시는 게 불편했고,
내가 듣기 싫은 말까지 하셔서 불편했다.
내 정서적 필요를 알아주지 않는 것 같아서 서운했고,
나를 무시한다고 오해하기도 했었다….

하지만 오랜 시간 이분을 알아가며
누구보다도 진심으로 기도해주시는 분이라는 것을 알게 되었다.
나는 누군가 기도 부탁을 하면 기도한다고 말하고
잊어버릴 때가 종종 있었는데 이분은 그런 법이 없었다.
꼭 기억하셨다가 따로 시간을 내어 기도하신 후,
그 내용을 정리해 나눠주시는 것이었다.

그 사실을 알게 된 후로는
오히려 이분의 중보기도를 귀히 여기게 되었다.
듣기 싫든 좋든 뼈가 되고 살이 되는 말로 받아들이게 되었다.
지금은 정말 신뢰하며 서로를 위해 중보하는 사이이다.
(다시 한번 감사를 표하며…)

가까이에 나단 같은 선지자가 있다는 것은 축복이다.
하나님이 '주치의'를 붙여주신 것만 같다.

05 | 다윗이 죽을 날이 임박하매
열왕기상 2:1

다윗이 죽음을 눈앞에 두고 있었다.
그리고 왕권을 이어받을 솔로몬에게 마지막 유언을 남긴다.

스루야의 아들 요압이 내게 행한 일 곧 이스라엘 군대의 두 사령관
넬의 아들 아브넬과 예델의 아들 아마사에게 행한 일을 네가 알거니와
그가 그들을 죽여 태평 시대에 전쟁의 피를 흘리고 전쟁의 피를
자기의 허리에 띤 띠와 발에 신은 신에 묻혔으니
네 지혜대로 행하여 그의 백발이 평안히 스올에 내려가지 못하게 하라
열왕기상 2:5,6

바후림 베냐민 사람 게라의 아들 시므이가 너와 함께 있나니
그는 내가 마하나임으로 갈 때에 악독한 말로 나를 저주하였느니라
그러나 그가 요단에 내려와서 나를 영접하므로 내가 여호와를 두고
맹세하여 이르기를 내가 칼로 너를 죽이지 아니하리라 하였노라
그러나 그를 무죄한 자로 여기지 말지어다 너는 지혜 있는 사람이므로
그에게 행할 일을 알지니 그의 백발이 피 가운데 스올에 내려가게 하라
열왕기상 2:8,9

뛰어난 일꾼Hard worker이었지만 마음이 따로 놀던 요압.
가장 위험한 순간에 등 뒤에 칼을 들이댄 시므이.
둘을 향한 다윗의 뒤끝이 깊고 진하다.

위대한 왕이었지만 그 역시 나약한 인간 중 한 명이었을까…?
마지막 유언의 말미에서 진짜 본심이 드러난다.

솔로몬이 그의 아버지 다윗의 왕위에 앉으니 그의 나라가 심히 견고하니라
열왕기상 2:12

솔로몬의 새 시대를 위한 정치적 처사일 수도 있다.
하지만 모든 정치적 처사에는 개인적 기호가 반영되는 법.
감정을 완전히 배제한 정치적 결정을 내리는 지도자는
이 세상에 없을 것이다.

그가 유언을 통해 보여주는 이 진한 '뒤끝'이
개인적 감정의 반영이었다는 의견에 한 표를 던진다.
왜냐하면 나는 이제야 다윗이 나와 다를 바 없는
한 명의 인간으로 다가오기 때문이다….

앞에서도 이미 봤겠지만
그간 사울을 통해 발견한 내 모습은 정말 많았다.
압살롬, 아도니야를 통해 발견한 내 모습도 정말 많았다.
하지만 다윗을 통해 발견한 내 모습은 없었다.
그러기에 그는 너무 훌륭했고 이상적이었다.
긴 묵상의 여정 동안….

하지만 드디어!
드디어 그와 나와의 공감대가 형성되는 것이 느껴진다.
뒤끝이 깊은 이 소인배스러움 속에서.
그것도 임종 직전에.

이상하다.
그런데 왜 서글퍼지지…?

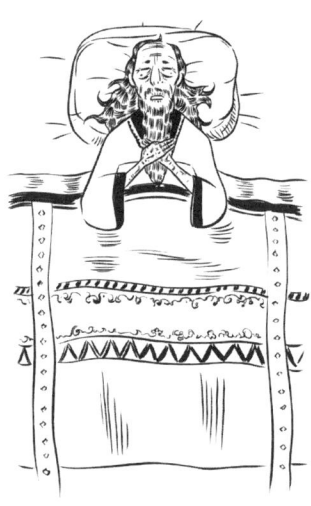

하나님 안에서는 다 같은 인간입니다...

06 | 그의 조상들과 함께 누워 장사되니

열왕기상 2:10

하나님은 가족에게조차 묻혀 있던 한 청년을 캐내셨다.
그리고 골리앗과의 전투라는 가장 드라마틱한 장면으로 등장시키신다.
그 후 가장 정점까지 끌어올리신 뒤, 가장 낮은 자리까지 내리꽂으신다.
그리고 십수 년간 광야를 표류시키신다.
그렇게 표류가 끝나자 또 7년을 기다리게 하신다.
도합 17년이라는 세월을 기다린 뒤 비로소 청년은 왕이 된다.

다윗은 인간이 오를 수 있는 가장 높은 위치까지 올랐음에도
가장 낮은 자의 마음으로 살아갈 수 있었다.
어찌 그리 초연하게 왕위를 지킬 수 있었을까?
조금이라도 높은 자리에 올라본 사람이라면 안다.
한번 올라간 마음이 다시 내려가는 것이 얼마나 어려운지를….

생각해보니 대답은 간단했다.
바로 그의 이 굴곡진 삶 덕분이었다.
이 굴곡진 삶이 그의 마음을 순전하게 빚어낸 것이다.

명품 신앙이란 그렇게 연단으로 만들어지는 것이니….

다윗이 그의 조상들과 함께 누워 다윗 성에 장사되니
다윗이 이스라엘 왕이 된 지 사십 년이라
헤브론에서 칠 년 동안 다스렸고 예루살렘에서 삼십삼 년 동안 다스렸더라
열왕기상 2:10,11

완벽하진 않았지만 하나님의 마음에 맞았던 왕.
다윗의 부족함은 훗날,
그의 자손 중 한 왕이 나옴으로써 온전히 완성된다.
그 왕은 지도자로서 '완벽한 모델'이 되어주었고
하나님 백성의 '영원한 기준'이 되어주었다.
심지어 다윗조차도 비껴가지 못했던 죽음의 권세까지 깨뜨리면서.

주 예수께서 말씀을 마치신 후에 하늘로 올려지사
하나님 우편에 앉으시니라
마가복음 10:10

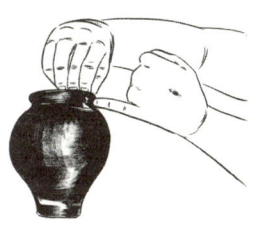

묵상을 마치며

예수께서 이르시되 내 양을 먹이라
요한복음 21:17

하나님은 '네 양'이 아니라 '내 양'이라 하셨다.
내게 붙여진 모든 사람을 '나의 양'이라 하시며
그들을 먹이라고 하셨다.
하지만 나는 그 약속을 지키지 못했다.
약속을 받았음에도 불구하고
내 유익을 위해 양 떼를 버리고 도망쳤다.
그것이 벌써 수년 전의 일이다.
양 떼를 버린 나는 그 후 정말 자유하고 행복했을까…?

더 방황했고 더 배회했다.
아무도 나를 손가락질하지 않았지만 내가 나를 손가락질했고
그런 나를 보며 근심하고 있는 누군가가 느껴졌다.
내 안의 성령님이었다.
영혼의 길고 어두운 밤이었다….

그때부터 사무엘서를 읽기 시작한 것으로 기억한다.
내면의 방황과 동시에 묵상이 시작됐는데
영적으로 어두울수록 성경 속 인물들은 뚜렷이 살아났다.
당시 내 안에서 뭔가 살아 움직이는 유일한 것들이었다.

그렇게 그들의 여정을 따라가다 보니
정작 내가 묵상한 인물은 주인공 다윗이 아니었다.
오히려 사울과 압살롬, 아도니야와 요압 같은 사람들.
욕심 많고 허물투성이인 그 영혼들이 진짜 내 묵상의 대상이었다.
한때는 내가 다윗이라고 생각한 적도 있었는데….

그래서 포기하기로 했다.
나는 다윗 같은 사람이 될 수 없다고.
다윗처럼 되려고 애쓰기보다는
사울, 압살롬같이 되지 않으려 애쓰는 것.
그것이 내게 맞는 적용이었다.

당신은 누구인가?
다윗인가?
사울인가?
아니면 압살롬인가…?

이 책은 비록
사울이나 압살롬처럼 되지 않으려는
내 개인적 여정을 담고 있을 뿐이지만,
잠시라도 당신의 내면을 비춰보는 거울이 되어주면 좋겠다.
잠시라도.

궁극적으로는 당신이 성경으로 들어가게 되길 기도한다.
이 책의 묵상은 그저 말씀으로 연결되는 교두보일 뿐이니….

끝까지 읽어주어서 고맙다가 아닌, 정말 감사합니다.
요즘 책도 많이 안 팔리고 있는데….
진심입니다.

감사의 글

책의 전반부 작업은 일본 교토에서,
후반부 작업은 오키나와에서 진행되었습니다.

전반부 작업의 장소를 제공해준
교토의 정창훈, 윤지영 선교사님,
폴, 로이스 선교사님,
그리고 사랑으로 지원해주신 벧엘교회
일본 성도 분들께 진심으로 감사를 드립니다.

후반부 작업을 할 수 있는 장소를 제공해준
오키나와의 신재현 선교사님 감사를 드립니다.

하루 속히 양국의 관계가 회복되어
이제 막 불붙은 부흥의 불길이 가속되기를 기도합니다.
그리스도의 사랑은 국제 정세, 정치,
외교를 뛰어넘는다고 믿습니다.

왕이 된 양치기

초판 1쇄 발행	2019년 10월 23일
초판 2쇄 발행	2019년 11월 27일

지은이	석용욱
펴낸이	여진구
책임편집	이영주 김윤향
편집	최현수 안수경 김아진
책임디자인	조은혜 마영애 l 노지현 조아라
기획·홍보	김영하
마케팅	김상순 강성민 허병용
제작	조영석 정도봉
해외저작권	기은혜
마케팅지원	최영배 정나영
경영지원	김혜경 김경희
이슬비전도학교	최경식
303비전장학회 & 303비전꿈나무장학회	여운학
303비전성경암송학교	박정숙

펴낸곳	규장

주소 06770 서울시 서초구 매헌로 16길 20(양재2동) 규장선교센터
전화 02)578-0003 팩스 02)578-7332
이메일 kyujang0691@gmail.com
페이스북 facebook.com/kyujangbook
카카오스토리 story.kakao.com/kyujangbook
등록일 1978.8.14. 제1-22

홈페이지 www.kyujang.com
인스타그램 instagram.com/kyujang_com

ⓒ 저자와의 협약 아래 인지는 생략되었습니다.
이 출판물은 저작권법에 의해 보호를 받는 저작물이므로 무단 전재와 무단 복제를 할 수 없습니다.

책값 뒤표지에 있습니다.
ISBN 979-11-6504-017-8 03230

이 도서의 국립중앙도서관 출판시도서목록(CIP)은 서지정보유통지원시스템 홈페이지(http://seoji.nl.go.kr)와
국가자료종합목록구축시스템(http://www.nl.go.kr/kolisnet)에서 이용하실 수 있습니다.
(CIP제어번호 : CIP2019041500)

규 | 장 | 수 | 칙

1. 기도로 기획하고 기도로 제작한다.
2. 오직 그리스도의 성품을 사모하는 독자가 원하고 필요로 하는 책만을 출판한다.
3. 한 활자 한 문장에 온 정성을 쏟는다.
4. 성실과 정확을 생명으로 삼고 일한다.
5. 긍정적이며 적극적인 신앙과 신행일치에의 안내자의 사명을 다한다.
6. 충고와 조언을 항상 감사로 경청한다.
7. 지상목표는 문서선교에 있다.

하나님을 사랑하는 자 곧 그의 뜻대로 부르심을 입은 자들에게는 모든 것이 合力하여 善을 이루느니라(롬 8:28)

규장은 문서를 통해 복음전파와 신앙교육에 주력하는 국제적 출판사들의
협의체인 복음주의출판협회(E.C.P.A:Evangelical Christian Publishers
Association)의 출판정신에 동참하는 회원(Associate Member)입니다.